Los Exploradores de
NATIONAL GEOGRAPHIC

Rocas y minerales

Diseñado y realizado por Weldon Owen Pty Limited
59 Victoria Street, McMahons Point, NSW, 2060, Australia

© 1999 Weldon Owen Inc.

Autora: Tracy Staedter
Asesores: Robert Coenraads, Ph.D., Carolyn Rebbert, Ph.D.
Editor: Scott Forbes
Diseñadora: Cathy Campbell
Editora gráfica: Debra Wager

Ilustración: Andrew Beckett/Illustration, Chris Forsey,
Ray Grinaway, David McAllister, Stuart McVicar, Michael Saunders,
Kevin Stead, Sharif Tarabay/Illustration, Thomas Trojer

Título original: *Rocks and Minerals*
Traducción: Ana Pérez Pérez
Asesor científico: Guillermo Gold / BIOTOPS
Copyright © 2002 National Geographic Society
Todos los derechos reservados

D.R. por la presente edición Editorial Océano de México, S.A. de C.V.
Eugenio Sue 59, Colonia Chapultepec Polanco.
Delegación Miguel Hidalgo, C.P. 11560, México, D.F.
Tel.: (55) 5279-9000   Fax: (55) 5279-9006
E-mail: info@oceano.com.mx

ISBN: 970-651-636-0
Depósito legal: B-45.343-2002
Impreso por EGEDSA
Impreso en España - Printed in Spain

Los exploradores de

NATIONAL GEOGRAPHIC

Rocas y minerales

OCEANO

Sumario

Rocas 6

Rocas por doquier 8
La tercera roca desde el Sol 10
Un planeta movidito 12
Desgaste natural 14
El ciclo de las rocas 16
Ríos de fuego 18
Capa sobre capa 20
Calor y presión 22
Rocas extrañas 24

Minerales 26

Conoce los minerales 28
Las riquezas de la Tierra 30
El tesoro enterrado 32
Belleza insólita 34
Formas y colores 36
Minerales mágicos 38

Coleccionar rocas y minerales 40

Componentes básicos 42
Rocas artísticas 44
Las claves de las rocas 46
Rocas para quemar 48
Pedazos de rocas antiguas 50
Buscar rocas 52
Da nombre a esa roca 54
Una excursión a la montaña 56
Una mirada a la costa 58
Buscar fósiles 60

Glosario 62
Índice alfabético 64

¡Escoge tu camino!

ROCAS Y MINERALES no se parece a ningún otro libro de información que hayas leído. Puedes empezar por el principio, aprendiendo sobre nuestro rocoso planeta, y después seguir hasta el final y descubrir cómo coleccionar rocas y minerales. O, si lo que de verdad te apasiona son los cristales, ve directamente a «Un encuentro con los minerales» y lee el resto del libro a partir de allí.

Encontrarás infinidad de caminos diversos entre los que elegir. En los apartados «En detalle» conocerás grandes hallazgos y los científicos que los descubrieron, y en las actividades de «Experimentos» podrás dar rienda suelta a tu creatividad. Ahondarás en el mundo de las palabras en «Vocabulario», y sorprenderás a tus amigos con los hechos fascinantes de «¡Increíble!».

EN DETALLE

Grandes momentos en geología

Adéntrate en los espectaculares cañones del sudoeste de EE UU con el explorador John Wesley Powell. Acompaña al geólogo Harrison Schmitt en su viaje a la Luna. Lee el relato del fotógrafo Brad Lewis sobre qué significa tener un volcán en el patio de casa. Lee sobre los grandes científicos y los grandes acontecimientos geológicos en EN DETALLE. Imagínate que estás allí, en primera fila, y entenderás cómo se siente uno cuando presencia o hace algo que cambia el mundo.

EXPERIMENTOS

Crea y fabrica

Estruja un terrón de azúcar y observa cómo brilla en la oscuridad. Construye una cadena montañosa plegando capas de plastilina. Crea tus propios cristales dentro de un bote de vidrio. Construye una sencilla vitrina para exponer tu colección de rocas y minerales. Aprende a identificar minerales observando su densidad, color y dureza. Las secciones EXPERIMENTOS te ofrecen proyectos y actividades, todos ellos relacionados con el tema principal de cada página.

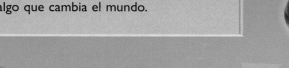

Vocabulario
¡Qué palabra tan rara! ¿Qué significa? ¿De dónde viene? Descúbrelo leyendo el apartado **Vocabulario**

¡Increíble!
Hechos increíbles, datos sorprendentes, cifras alucinantes... todo eso lo encontrarás en el apartado **¡Increíble!**

Conexiones
Usa la sección **Conexiones** para pasar de un tema a otro. Tú decides.

¿Preparados? ¿Listos? ¡Empieza la aventura!

Rocas

ESTÁS SOBRE una enorme roca que se desplaza vertiginosamente por el espacio. Nuestro planeta, la Tierra, es una bola gigantesca de roca; de hecho, de muchos tipos distintos de rocas. Estas rocas, a su vez, están compuestas por minerales, que son sólidos formados por procesos naturales. Tal vez no te des cuenta, pero las rocas están cambiando constantemente. Las rocas, en estado líquido, empujadas por el calor que emana del interior de la Tierra, ascienden hasta la superficie, donde se enfrían y se endurecen. El hielo, el viento y el agua rompen constantemente las rocas de la superficie en pequeños fragmentos. Las rocas se hunden bajo la corteza y se vuelven a fundir. Este ciclo, que se ha estado repitiendo durante miles de millones de años, crea tres tipos principales de rocas: magmáticas, sedimentarias y metamórficas.

página **8** Todo lo que ves a tu alrededor son rocas, minerales y objetos fabricados con materiales extraídos de rocas y minerales.

Ve a ROCAS POR DOQUIER.

página **10** La Tierra no es más que una de las diversas rocas que giran alrededor del Sol. ¿Cómo llegaron allí?

Ve a LA TERCERA ROCA DESDE EL SOL.

página **12** ¿Sabías que la tierra que tienes bajo los pies se está moviendo?

Ve a UN PLANETA MOVIDITO.

página **14** Las fuerzas naturales confieren a las rocas formas sorprendentes.

Ve a DESGASTE NATURAL.

página **16** Las rocas existen desde mucho antes que los seres humanos.

Ve a EL CICLO DE LAS ROCAS.

página **18** Las rocas como ésta se forman cuando se solidifica la lava de un volcán.

Ve a RÍOS DE FUEGO.

página **20** Los fragmentos de roca a menudo se unen para formar nuevas rocas.

Ve a CAPA SOBRE CAPA.

página **22** ¿Cómo se transforman algunos tipos de rocas en otras rocas?

Ve a CALOR Y PRESIÓN.

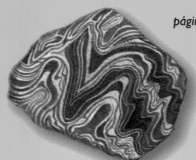

página **24** ¿De dónde procede esta roca tan rara?

Ve a ROCAS EXTRAÑAS.

BOMBILLAS
La mayoría de bombillas contienen unos hilillos finos fabricados con un metal denominado tungsteno o wolframio. El tungsteno se extrae de un mineral llamado scheelita.
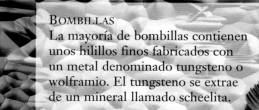

ESPEJOS
Los espejos se fabrican pintando un cristal con plata o aluminio, dos metales. El cristal se fabrica con arena de cuarzo, granos diminutos de este mineral.
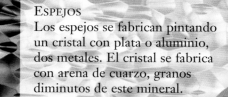

Rocas por doquier

SAL DE CASA y estarás rodeado de rocas. El suelo que pisas está compuesto por muchos tipos de rocas diferentes. Cantos rodados y bloques de piedra gigantescos componen las montañas. Algunas rocas se formaron hace pocos días; otras hace miles de millones de años. Los antiguos pobladores de la Tierra comprobaron que eran resistentes y las utilizaron para construir casas y calzadas. También observaron que algunas rocas contenían minerales útiles, como los metales, que pronto aprendieron a separar de las rocas.

Hoy en día seguimos necesitándolas. De ellas extraemos metales que utilizamos para construir puentes, coches y rascacielos. Trituramos rocas para producir materiales de construcción y hasta extraemos combustibles de las capas de rocas que hay bajo tierra para los automóviles o la calefacción. Dependemos de ellas durante las 24 horas del día. Los grifos y las tuberías son de metal; los cables eléctricos están hechos de cobre, un metal; utilizamos utensilios metálicos para comer y damos sabor a nuestros guisos añadiéndoles unos cristales de roca denominados sal. Escribimos con lápices que contienen un mineral negro llamado grafito. Tu ordenador no funcionaría sin los cristales de cuarzo de que están hechos los chips. Hasta las botellas de plástico se fabrican con el petróleo extraído de las rocas. ¿Qué sería de nosotros sin rocas ni minerales?

UN PAISAJE ROCOSO
Las rocas dan forma a la tierra que nos rodea. Esto se ve con mayor claridad en los picos de las montañas, los lechos de los ríos, el litoral y algunas calzadas. El hombre recoge rocas y minerales en minas y canteras y los utiliza para construir edificios y máquinas. También los transforma en todo tipo de productos, desde joyas hasta combustibles.

La tierra que nos rodea está compuesta por rocas. Esto se percibe con mayor claridad en los picos de las montañas y los acantilados.

La mayoría de los edificios modernos se fabrican con acero, hormigón y cristal, todos ellos procedentes de rocas.

EXPERIMENTOS

Veo, veo...: una roca

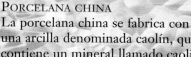

❶ Coge un cuaderno y un bolígrafo y paséate por tu casa. Haz una lista de las cosas que creas que están fabricadas con rocas o minerales. (Las ilustraciones que encontrarás al principio y al final de esta página te ayudarán.) Después sal a dar un paseo por los alrededores. De nuevo, intenta adivinar qué objetos están hechos de rocas y minerales, y anótalos en otra lista.

❷ Ahora aparca las dos listas. Cuando acabes de leer este libro, repite este ejercicio, elaborando dos nuevas listas. Te sorprenderá la cantidad de objetos nuevos fabricados con rocas y minerales que eres capaz de reconocer.

PORCELANA CHINA
La porcelana china se fabrica con una arcilla denominada caolín, que contiene un mineral llamado caolinita. Al igual que otras arcillas, el caolín se puede moldear creando formas distintas.

PIZARRA Y TIZA
Las pizarras están hechas de una roca oscura del mismo nombre que consta de láminas planas. En la pizarra escribimos con tiza, una roca fabricada con caolín.

8

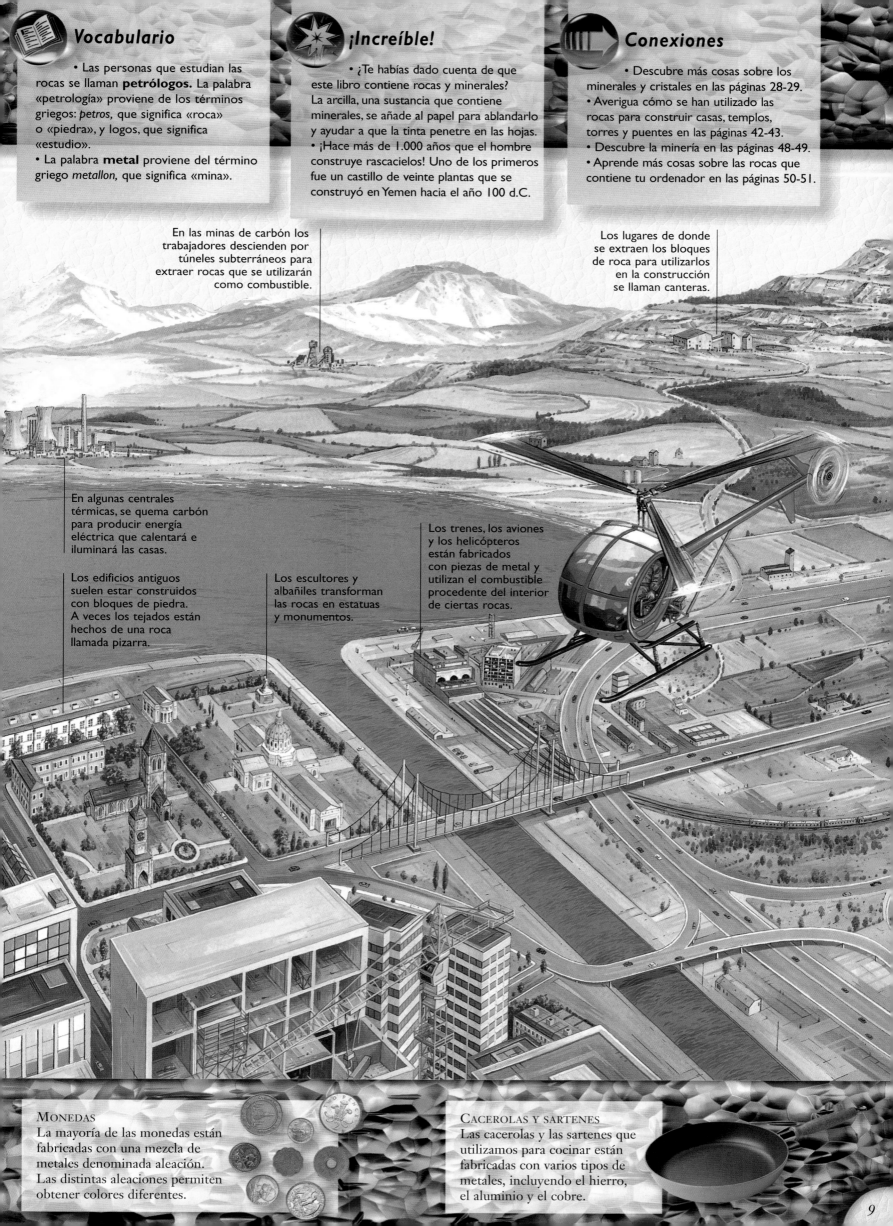

Vocabulario

• Las personas que estudian las rocas se llaman **petrólogos**. La palabra «petrología» proviene de los términos griegos: *petros,* que significa «roca» o «piedra», y logos, que significa «estudio».
• La palabra **metal** proviene del término griego *metallon,* que significa «mina».

¡Increíble!

• ¿Te habías dado cuenta de que este libro contiene rocas y minerales? La arcilla, una sustancia que contiene minerales, se añade al papel para ablandarlo y ayudar a que la tinta penetre en las hojas.
• ¡Hace más de 1.000 años que el hombre construye rascacielos! Uno de los primeros fue un castillo de veinte plantas que se construyó en Yemen hacia el año 100 d.C.

Conexiones

• Descubre más cosas sobre los minerales y cristales en las páginas 28-29.
• Averigua cómo se han utilizado las rocas para construir casas, templos, torres y puentes en las páginas 42-43.
• Descubre la minería en las páginas 48-49.
• Aprende más cosas sobre las rocas que contiene tu ordenador en las páginas 50-51.

En las minas de carbón los trabajadores descienden por túneles subterráneos para extraer rocas que se utilizarán como combustible.

Los lugares de donde se extraen los bloques de roca para utilizarlos en la construcción se llaman canteras.

En algunas centrales térmicas, se quema carbón para producir energía eléctrica que calentará e iluminará las casas.

Los edificios antiguos suelen estar construidos con bloques de piedra. A veces los tejados están hechos de una roca llamada pizarra.

Los escultores y albañiles transforman las rocas en estatuas y monumentos.

Los trenes, los aviones y los helicópteros están fabricados con piezas de metal y utilizan el combustible procedente del interior de ciertas rocas.

MONEDAS
La mayoría de las monedas están fabricadas con una mezcla de metales denominada aleación. Las distintas aleaciones permiten obtener colores diferentes.

CACEROLAS Y SARTENES
Las cacerolas y las sartenes que utilizamos para cocinar están fabricadas con varios tipos de metales, incluyendo el hierro, el aluminio y el cobre.

9

La tercera roca desde el Sol

LA TIERRA sólo es una de las rocas gigantescas que giran alrededor de una estrella que llamamos Sol. Planetas, satélites, asteroides y cometas comparten con nosotros este sector del universo. Todas estas rocas forman una comunidad cósmica llamada sistema solar. La dirección de la Tierra en el sistema solar es planeta número 3, o tercera roca desde el Sol.

El sistema solar se formó hace unos cinco mil millones de años a partir de una nube de polvo, rocas y gases. Estos materiales giraban a gran velocidad alrededor del Sol, chocando entre sí. Algunos de los fragmentos de roca se fusionaron, formando una serie de planetas. La historia inicial de la Tierra fue una especie de competición demoledora, con cometas y asteroides estrellándose contra ella constantemente. Estas colisiones, sumadas a los minerales radiactivos que nuestro planeta contenía, crearon un intenso calor en el interior y la superficie de la Tierra.

Debido al calor, los materiales que había en su interior se empezaron a fundir. La parte más pesada se hundió hacia el centro. Las sustancias más ligeras se quedaron en la superficie formando la corteza. Los demás materiales se depositaron formando capas desde la corteza hasta el núcleo. Estas capas no pueden verse, pero sí detectarse. Los científicos utilizan unos aparatos denominados sismógrafos para estudiar el interior de la Tierra. Si pudiéramos partir el planeta por la mitad, sus distintas capas se verían como anillos concéntricos.

VISTA DESDE LA LUNA Desde la Luna, la Tierra parece una gigantesca canica azul. Muchos científicos creen que la Luna se formó hace miles de millones de años, cuando un pequeño planeta chocó contra la Tierra y los restos de la colisión se fusionaron entre sí.

Manto superior: 700 km de espesor

Corteza oceánica: 5 km de espesor

Corteza continental: 20-70 km de espesor

Manto	Núcleo externo	Núcleo interno
2.900 km de espesor	2.250 km de espesor	1.200 km de espesor

EXPERIMENTOS

Generar ondas

Para estudiar el interior de la Tierra, los sismólogos analizan las ondas sísmicas —ondas de los terremotos o explosiones subterráneas— mientras se desplazan a través del planeta. Midiendo su velocidad y dirección los científicos pueden saber qué tipo de rocas están implicadas y cuál es su grosor. En el proyecto que te proponemos a continuación, las ondas actuarán como ondas sísmicas y el agua y la botella como capas de rocas.

❶ Llena de agua un cuenco grande y coloca una botella en el centro.

❷ Vierte suavemente varias gotas de agua en un lado del cuenco. Las ondas se desplazarán hacia el centro del cuenco. Cuando las ondas choquen contra la botella, rebotarán. Del mismo modo, ciertos tipos de rocas desvían las ondas sísmicas.

Vocabulario

• La palabra **gravedad** proviene del latín *gravitas*, que significa «pesadez».
• Las ondas que se generan en el interior de la Tierra se llaman **ondas sísmicas,** y los científicos que las estudian, **sismólogos.** Ambas palabras vienen del griego *seismos*, que significa «terremoto».

¡Increíble!

• Excavando a 30 cm por minuto, tardarías 87 años en construir un túnel que atravesara la Tierra de un lado a otro.
• La perforación más profunda hecha en el planeta es de 15 km y se encuentra en Zapolyarnyy (Rusia). No obstante, sólo supone un rasguño en su superficie.

Conexiones

• Las rocas calientes del manto ascienden conforme las rocas más frías se hunden. Esto crea corrientes que provocan terremotos y volcanes. Averigua cómo ocurre esto en las páginas 12-13.
• La superficie de la Tierra se modela por efecto de la meteorización y la erosión. Consulta las páginas 14-15.
• Cuando los meteoroides chocan contra la Tierra, se llaman meteoritos. Observa qué aspecto tienen en las páginas 24-25.

EN DETALLE

Viaje al centro de la Tierra

Hace más de cien años, un escritor francés llamado Julio Verne llevó a sus lectores al centro del planeta. En su libro *Viaje al centro de la Tierra,* escrito en 1864, describió una ruta desde un extremo a otro de la Tierra, a través de túneles oscuros que llevaban a cataratas subterráneas, promontorios de piedra y ríos de rocas fundidas. Ahora sabemos que ese viaje sería imposible, pero las exploraciones han permitido constatar que las descripciones de Verne se parecen mucho al extraordinario mundo de las grutas subterráneas, un mundo que él nunca llegó a ver.

Astenosfera

Litosfera (corteza más una porción del manto superior)

CORTEZA SUPERIOR
Los satélites nos permiten estudiar la superficie rocosa de la Tierra. En esta fotografía se ve la cordillera del Himalaya en Asia.

¿QUÉ HAY EN EL INTERIOR?
La Tierra está compuesta por varias capas. El suelo que pisamos (la corteza) y una pequeña parte de las rocas del manto superior forman una capa llamada litosfera. La litosfera flota sobre una capa de rocas parcialmente fundidas llamada astenosfera, que pertenece a la parte superior de una capa de mayor espesor denominada manto. Debajo del manto hay un núcleo externo líquido y un núcleo interno sólido compuesto de hierro y níquel.

LA FORMACIÓN DEL SISTEMA SOLAR

El sistema solar es nuestro hogar cósmico. Como cualquier casa, está compuesto por distintos materiales. Pero el sistema solar no se construyó con maderas y clavos, sino que se formó a partir de polvo y gases.

Hace unos cinco mil millones de años, una nube de polvo y gases calientes (llamada nebulosa), que giraba lentamente, empezó a encoger. Conforme más encogía, más deprisa giraba.

Los gases calientes se concentraron en el centro, formando el Sol. Los gases más fríos y el polvo del exterior se empezaron a compactar, formando grandes masas de materia espacial.

Transcurridos unos 100 millones de años, quedaban nueve de esas masas girando alrededor del Sol. Eran los nueve planetas que conocemos en la actualidad.

Urano   *Neptuno*   • *Plutón*

Un planeta movidito

EL CENTRO de la Tierra alberga una gran central térmica. Su núcleo abrasador de hierro y níquel genera tal cantidad de energía que es capaz de provocar sucesos violentos en la superficie de la Tierra, a más de 2.900 km de distancia. El calor del núcleo funde las rocas del manto que se encuentran directamente encima. Conforme el manto se calienta, las rocas fundidas suben a la superficie como burbujas en agua hirviendo. Las partes frías del manto se hunden, pero el núcleo las vuelve a calentar y ascienden de nuevo. Este ciclo de ascenso-hundimiento genera corrientes de convección.

Cuando una roca es arrastrada por una corriente de convección, comprime y estira la corteza terrestre. Al poco tiempo de formarse la Tierra, estos movimientos fragmentaron la litosfera, convirtiéndola en un enorme rompecabezas. Las piezas del rompecabezas se conocen como placas tectónicas y flotan sobre la parte superior de la astenosfera, desplazando océanos y continentes.

Cuando las rocas fundidas rezuman entre dos placas, éstas se separan y avanzan hasta chocar con otras. Si vives cerca del límite de una de estas placas, notarás los efectos de las colisiones cuando se produzcan terremotos o erupciones volcánicas. Con el paso del tiempo, estos movimientos van remodelando la faz de la Tierra.

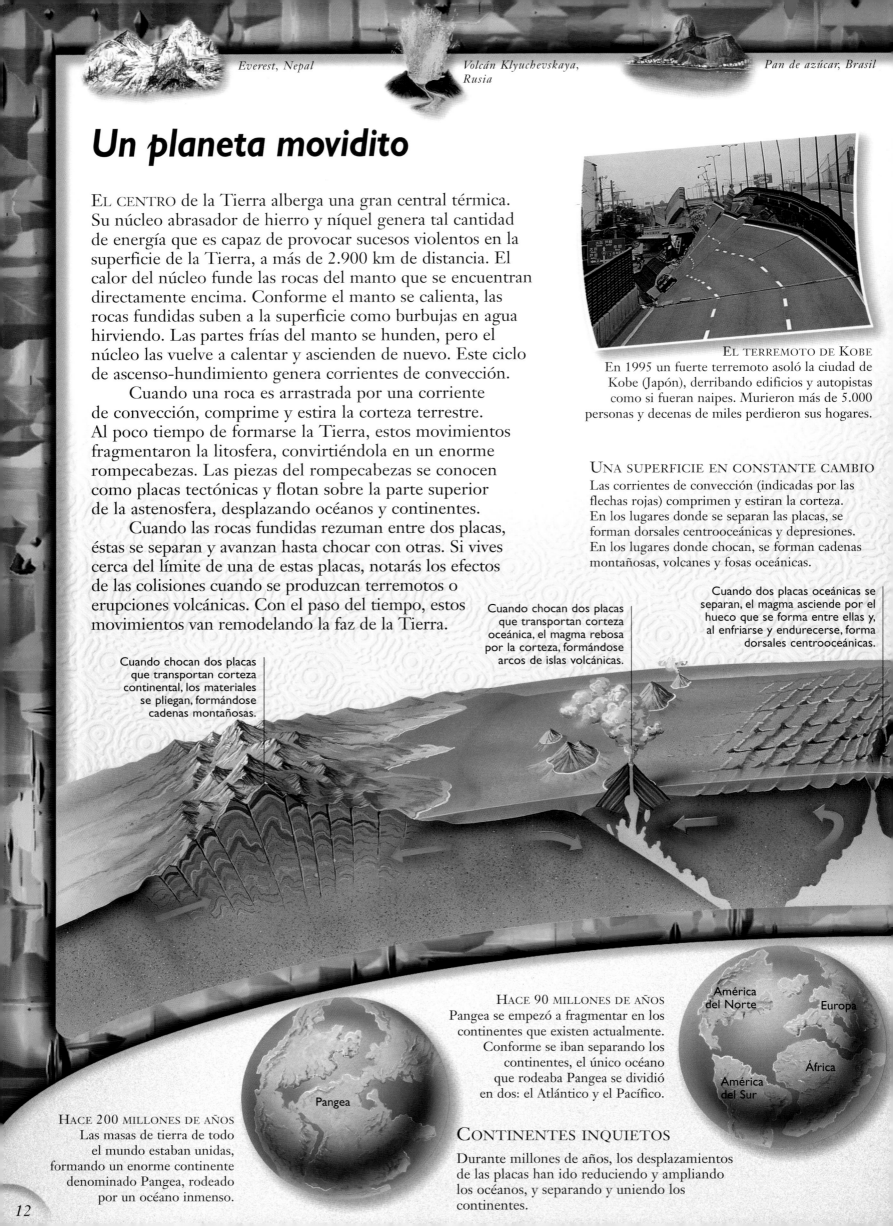

EL TERREMOTO DE KOBE
En 1995 un fuerte terremoto asoló la ciudad de Kobe (Japón), derribando edificios y autopistas como si fueran naipes. Murieron más de 5.000 personas y decenas de miles perdieron sus hogares.

UNA SUPERFICIE EN CONSTANTE CAMBIO
Las corrientes de convección (indicadas por las flechas rojas) comprimen y estiran la corteza. En los lugares donde se separan las placas, se forman dorsales centrooceánicas y depresiones. En los lugares donde chocan, se forman cadenas montañosas, volcanes y fosas oceánicas.

Cuando dos placas oceánicas se separan, el magma asciende por el hueco que se forma entre ellas y, al enfriarse y endurecerse, forma dorsales centrooceánicas.

Cuando chocan dos placas que transportan corteza oceánica, el magma rebosa por la corteza, formándose arcos de islas volcánicas.

Cuando chocan dos placas que transportan corteza continental, los materiales se pliegan, formándose cadenas montañosas.

HACE 90 MILLONES DE AÑOS
Pangea se empezó a fragmentar en los continentes que existen actualmente. Conforme se iban separando los continentes, el único océano que rodeaba Pangea se dividió en dos: el Atlántico y el Pacífico.

América del Norte
Europa
África
América del Sur

Pangea

HACE 200 MILLONES DE AÑOS
Las masas de tierra de todo el mundo estaban unidas, formando un enorme continente denominado Pangea, rodeado por un océano inmenso.

CONTINENTES INQUIETOS

Durante millones de años, los desplazamientos de las placas han ido reduciendo y ampliando los océanos, y separando y uniendo los continentes.

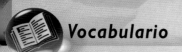

Vocabulario

- La palabra **volcán** proviene del nombre del dios romano del fuego y la metalurgia: Vulcano. Se decía que vivía bajo un volcán en la actual isla italiana de Vulcano.
- **Pangea** es el nombre que recibe el continente único que existía hace 200 millones de años. En griego antiguo *Pangaea* significa «toda la Tierra».

¡Increíble!

- Cada año unos 800 terremotos de grandes proporciones hacen temblar el planeta, pero cada día se producen unos 8.000 pequeños seísmos. Por suerte, son tan débiles que no provocan daños.
- Las placas que rodean el océano Pacífico chocan con la corteza oceánica, formando un círculo de volcanes casi completo conocido como el Anillo de Fuego.

Conexiones

- Aprende más cosas sobre las rocas volcánicas en las páginas 18-19.
- Cuando los movimientos de las placas presionan y calientan la corteza terrestre, algunas rocas se transforman en otras. Descúbrelo en las páginas 22-23.
- Averigua cómo los científicos construyen mapas del fondo del mar en las páginas 46-47.

EN DETALLE
Un volcán en el patio de casa

Brad Lewis vive sobre un volcán. Su casa está en Pahoa (Hawai), en el noreste del Kilauea, un punto caliente muy activo. «Anoche vi un río gigantesco de lava desembocar en el océano», comenta. Brad es fotógrafo, así que fotografió el acontecimiento. Puesto que el agua del mar enfría y endurece la lava, Brad ha sido testigo de la formación de tierra nueva. En el transcurso de los años ha visto cómo crecían las playas y se formaban penínsulas. A Brad le encanta vivir en Hawai. Dice que el volcán fomenta su humildad recordándole que «la Tierra tiene sus propios planes».

Límites entre placas
Dirección del movimiento de la placa
Volcanes
Zonas de terremotos

LAS PIEZAS DEL ROMPECABEZAS
La corteza terrestre es un rompecabezas gigantesco de unas doce piezas. Este mapa muestra las formas y la ubicación de las distintas piezas y la dirección en que se mueven. La mayoría de los terremotos y volcanes se producen en las zonas de colisión entre placas.

A veces, el magma procedente de las profundidades del manto sale expelido por la parte central de una placa tectónica, formándose volcanes originados por puntos calientes.

Cuando una placa oceánica se encuentra con una continental, la corteza oceánica desciende bajo la continental. En estas fosas denominadas oceánicas, se forman volcanes cónicos sobre la placa continental.

Cuando dos placas se separan bajo la superficie, la corteza que hay entre ellas se hunde, formándose depresiones llamadas rifts o fosas de hundimiento.

LA ACTUALIDAD
Hoy en día, los continentes tienen este aspecto. La expansión de los fondos marinos bajo el Atlántico está incrementando la separación entre América, por un lado, y Europa y África, por el otro.

América del Norte
Europa
África
América del Sur

DENTRO DE 60 MILLONES DE AÑOS
Es posible que el océano Atlántico se siga ensanchando. Si se producen choques entre placas, se formarán nuevos continentes.

América del Norte
Europa
África
América del Sur

Arco Delicado, EE UU

Glaciar de Tasmania,
Nueva Zelanda

Pináculos de Nambung,
Australia

Desgaste natural

NUESTRO PLANETA no se puede proteger del mal tiempo como hacemos nosotros. Nosotros podemos abrigarnos cuando hace frío y abrir el paraguas cuando empieza a llover. Pero la Tierra no. No puede librarse de la nieve, el hielo, el calor, la contaminación, el viento ni la lluvia. Se moja y se seca, se hiela y se quema, constantemente.

Al igual que el calor, el viento y el aire frío te resecan y te agrietan la piel, estos elementos naturales hacen que las rocas se agrieten y se desmoronen. Además, las sustancias químicas que contiene el agua de lluvia las desgastan, y las raíces de las plantas las rompen. Estos procesos se conocen como meteorización. El viento, los glaciares, los ríos y los océanos arrastran fragmentos de rocas sobre otras rocas, labrando y desgastando su superficie y depositando los restos en ríos, océanos y lagos. Esto se denomina erosión.

Conforme la meteorización y la erosión esculpen el paisaje, crean grutas, cañones, acantilados y picos escarpados. Donde las rocas más duras resisten los embates de los elementos se crean formaciones inusuales, como mesas, arcos y pináculos. Pero ninguna roca resiste eternamente. Con el paso del tiempo, los acantilados se desmoronan, las montañas se encogen y las costas se desgastan.

EROSIÓN GLACIAR
Los glaciares son enormes lenguas de hielo que se forman en las montañas y van descendiendo poco a poco, horadando valles con la misma facilidad con que nosotros cogemos un puñado de tierra con la mano.

Los glaciares se forman a partir de grandes acumulaciones de nieve. Excavan valles en forma de U.

Al filtrarse, el agua puede crear galerías subterráneas en algunos tipos de rocas, formando sistemas de grutas.

Las olas golpean las costas, creando cuevas marinas y unos promontorios denominados farallones.

EN DETALLE

Las grutas de Mammoth

John Houchin levantó la escopeta y apuntó al oso. ¡PUM! El proyectil lo alcanzó en la pata. El oso dio un salto y huyó entre la espesura del bosque. Houchin inició una acalorada persecución hasta que el oso desapareció por un agujero abierto en una ladera. «¡Ya está! –pensó–. Ya te tengo.» Houchin entró cautelosamente en la cueva aquel día de 1799. Al hacerlo, se convirtió en el primer descendiente de los antiguos europeos en pisar las grutas de Mammoth, en Kentucky, EE UU. Un siglo después, sabemos que Mammoth es el mayor sistema de grutas de todo el mundo. Pero nadie sabe qué fue del oso.

ESCULTORES NATURALES
De los picos de las montañas a las grutas subterráneas, y de los desiertos a las playas, las fuerzas de la naturaleza crean una increíble variedad de paisajes.

Colina de granito, Inglaterra

Torre del Diablo, EE UU

Vocabulario

- La palabra **glaciar** proviene del francés *glace*, que significa «hielo».
- Las **mesas** son colinas bajas de cima plana y laderas abruptas. La palabra mesa procede del término latino *mensa*. Las mesas pequeñas se llaman buttes, que proviene del francés *bute*, y que significa «monte» o «colina».

¡Increíble!

- La mayor gruta aislada del mundo es la Cámara de Sarawak, que se encuentra en Borneo (Malasia). En su interior cabrían ocho aviones grandes.
- Los ríos del mundo contienen 1.260 km cúbicos de agua. Si dejara de llover y se secaran, el nivel del mar disminuiría 1 metro al año debido a la evaporación.

Conexiones

- La erosión forma parte del proceso que recicla constantemente las rocas. Lee sobre ello en las páginas 16-17.
- Los fragmentos de rocas depositados en los ríos a veces forman nuevas rocas. Descubre cómo en las páginas 20-21.
- ¿Te interesan los cañones? Echa un vistazo al cañón más grande del mundo en las páginas 46-47.
- Aprende más cosas sobre la erosión de las costas en las páginas 58-59.

EXPERIMENTOS

Formación de grietas

❶ Moldea un trozo de arcilla en forma de bola. Humedécela y envuélvela con un plástico.

❷ Coloca la bola en el congelador y déjala allí durante toda la noche. Sácala al día siguiente y examínala de cerca. ¿Qué ves?

❸ Se habrán formado grietas en la arcilla. Esto se debe a que el agua aumenta de volumen cuando se congela. Lo mismo ocurre con las rocas cuando se hielan.

«Hoodoos»

Las rocas del cañón de Bryce en Utah, EE UU, se formaron en el fondo de un lago hace entre 50 y 60 millones de años. Desde entonces, la naturaleza ha trabajado a conciencia esculpiendo extrañas columnas de piedra conocidas popularmente como «hoodoos».

En las rocas de las laderas se forman pequeñas grietas. El agua desciende por las laderas y penetra en ellas, formando barrancos profundos y estrechos. El agua también se filtra por las grietas que se forman en las paredes de los barrancos.

En invierno, el agua se congela y aumenta de volumen, ensanchando las grietas. Puesto que algunos tipos de rocas se erosionan más deprisa que otros, las columnas acaban adquiriendo formas curiosas.

Los ríos excavan cañones y mesas, y arrastran rocas y tierra.

METEORIZACIÓN A CAPAS
El ciclo constante de mojado, secado, hielo y deshielo ha provocado que estos enormes cantos rodados del centro de Australia se agrieten y se pelen. La roca se desprende a capas, como si de la piel de una cebolla se tratara.

Algunas columnas se desmoronan o se convierten en polvo. Al final, este conjunto de «hoodoos» acabará desapareciendo, pero se formarán otros nuevos.

En los desiertos, la arena arrastrada por el viento desgasta las rocas y forma dunas móviles.

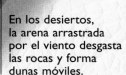

PINÁCULOS DE ROCA
En el cañón de Bryce, EE UU, la erosión y la meteorización han moldeado la piedra en finas columnas denominadas «hoodoos».

El ciclo de las rocas

SIN DARNOS CUENTA las rocas que nos rodean están montadas en una montaña rusa que avanza lentamente. Las fuerzas geológicas las empujan hacia arriba en forma de montañas, las arrojan al aire en forma de lava, las trituran y las sepultan bajo tierra. Gradualmente, este tumultuoso viaje modifica nuestro planeta casi completamente. Los picos se convierten en valles y los fondos oceánicos en montañas, quedando restos de criaturas marinas en cumbres como el Himalaya, en Asia.

Durante este turbulento viaje, se forman tres tipos distintos de rocas. Cuando el magma se enfría, se forman rocas magmáticas. Cuando las rocas de la superficie de la Tierra se desmenuzan en pequeños fragmentos por efecto de las olas, el hielo o la presión de otras rocas, estos fragmentos se depositan en capas o estratos y se convierten en rocas sedimentarias. Mientras tanto, en las profundidades de la Tierra, las altas temperaturas y las tremendas presiones calientan y comprimen otras rocas, transformándolas en rocas metamórficas.

Sabemos que esta montaña rusa empezó a funcionar cuando se formó la Tierra, hace cinco mil millones de años. Para los humanos, esta montaña rusa avanza muy despacio, pero para las rocas es un viaje que se repite una y otra vez.

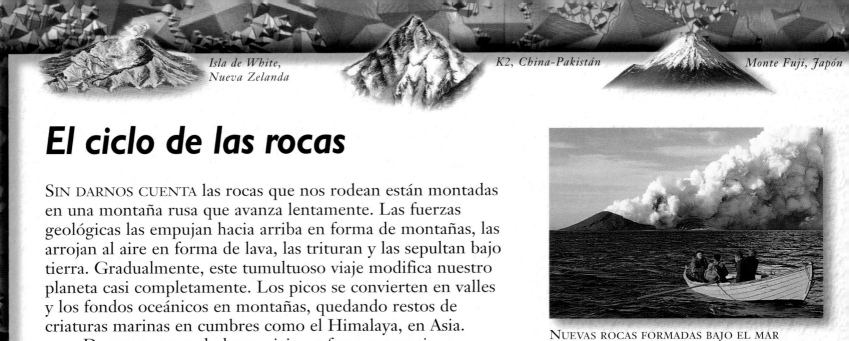

NUEVAS ROCAS FORMADAS BAJO EL MAR
En 1963 la erupción de un volcán submarino cerca de Islandia provocó el nacimiento de la isla de Surtsey, que pronto fue colonizada por plantas y animales.

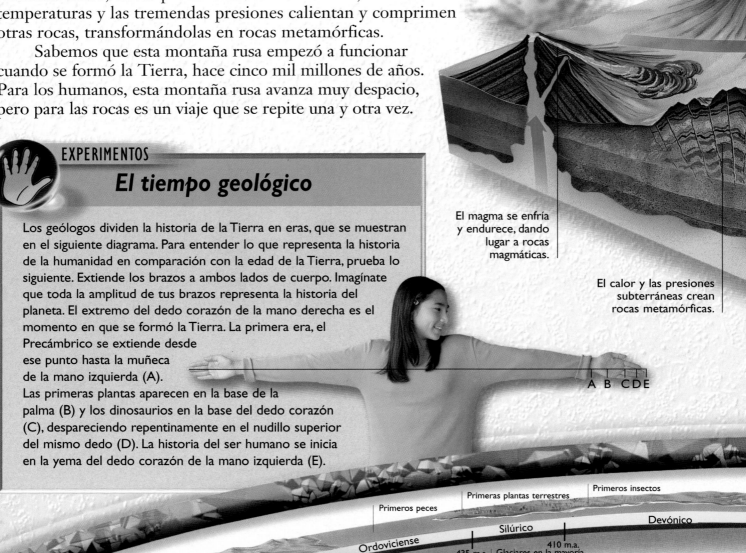

El magma se enfría y endurece, dando lugar a rocas magmáticas.

El calor y las presiones subterráneas crean rocas metamórficas.

EXPERIMENTOS

El tiempo geológico

Los geólogos dividen la historia de la Tierra en eras, que se muestran en el siguiente diagrama. Para entender lo que representa la historia de la humanidad en comparación con la edad de la Tierra, prueba lo siguiente. Extiende los brazos a ambos lados de cuerpo. Imagínate que toda la amplitud de tus brazos representa la historia del planeta. El extremo del dedo corazón de la mano derecha es el momento en que se formó la Tierra. La primera era, el Precámbrico se extiende desde ese punto hasta la muñeca de la mano izquierda (A). Las primeras plantas aparecen en la base de la palma (B) y los dinosaurios en la base del dedo corazón (C), despareciendo repentinamente en el nudillo superior del mismo dedo (D). La historia del ser humano se inicia en la yema del dedo corazón de la mano izquierda (E).

A B C D E

Primeros insectos

Primeras plantas terrestres

Primeros peces

Devónico

Silúrico

Ordoviciense

410 m.a.

435 m.a. | Glaciares en la mayoría de los continentes

360 m.a.

Cámbrico 500 m.a.

Emergen muchas formas nuevas de vida

570 m.a.

Primera glaciación 1.000 m.a.

Las bacterias forman grandes arrecifes

Primeros animales con concha

Primeros animales de cuerpo blando

2.500 m.a.

75% de los continentes formados

2.000 m.a.

Abundan las bacterias productoras de oxígeno

La Tierra se empieza a formar

La atmósfera se empieza a formar

Se empieza a formar la corteza terrestre

3.000 m.a.

Las rocas más antiguas conocidas

Abunda el agua superficial

4.500 m. a.

4.000 ma.

![Vocabulario icon] **Vocabulario**

Los nombres de las eras de la Tierra se componen de la palabra griega **zoe**, que significa «vida», y de otra palabra griega.
Criptozoico, *crypto* = «oculto».
Paleozoico, *paleo* = «antiguo».
Mesozoico, *meso* = «medio».
Cenozoico, *ceno* = «reciente».

![¡Increíble! icon] **¡Increíble!**

• La roca más antigua conocida se encuentra en los Territorios del Noroeste, en Canadá. El gneis de Acasta, una roca metamórfica, tiene 3.960 millones de años.
• Cada segundo, el volcán Kilauea, en Hawai, EE UU, escupe 5 metros cúbicos de lava.

![Conexiones icon] **Conexiones**

• ¿Qué provoca los movimientos de placas? Descúbrelo en las páginas 12-13.
• Apréndelo todo sobre la formación de las rocas en las páginas 18-23.
• Lee cómo los científicos utilizan los fósiles para datar los estratos de rocas en las páginas 60-61.

POR TODAS PARTES

Mires a donde mires, verás rocas. Descienden a las profundidades de la Tierra, vuelan por los aires en las erupciones volcánicas y descansan en los fondos de los lagos y océanos. Cuando cambian de lugar, también cambian de aspecto.

EN DETALLE

Fondo rocoso

Hace doscientos años, la gente creía que el mundo tenía sólo 6.000 años de existencia, pero un médico escocés, James Hutton, pensaba de forma diferente. Tras estudiar las rocas durante años, sabía que cambiaban muy lentamente. En 1785, Hutton dio con una formación muy especial en la ribera de un río: una serie de capas verticales cubiertas por varias capas horizontales. Observándola, tuvo la certeza de que, para que las capas inferiores bascularan y fueran cubiertas por las superiores, tenían que haber pasado millones de años, no sólo miles. A pesar de que entonces muy pocos creyeron a Hutton, la ciencia ha demostrado que tenía razón.

La meteorización fragmenta las rocas y la erosión las desgasta.

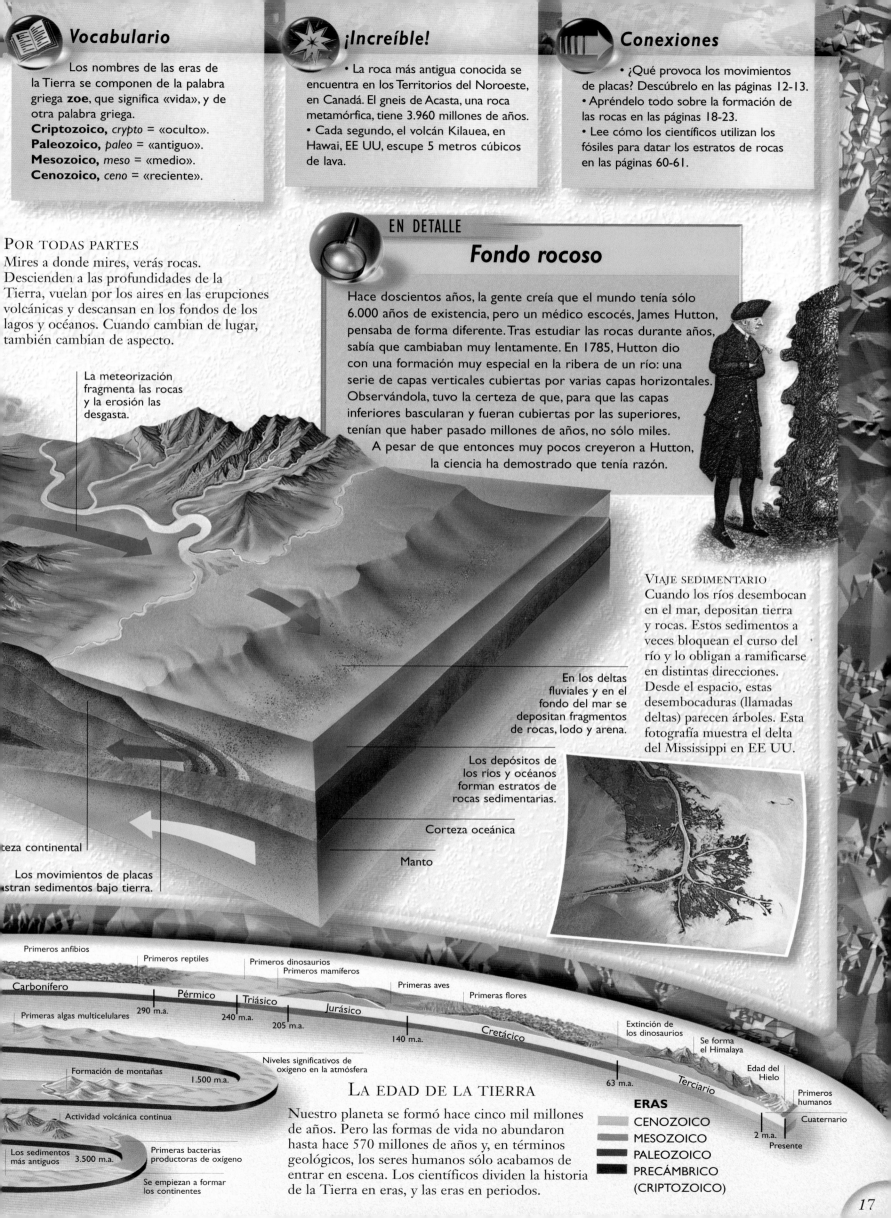

VIAJE SEDIMENTARIO
Cuando los ríos desembocan en el mar, depositan tierra y rocas. Estos sedimentos a veces bloquean el curso del río y lo obligan a ramificarse en distintas direcciones. Desde el espacio, estas desembocaduras (llamadas deltas) parecen árboles. Esta fotografía muestra el delta del Mississippi en EE UU.

En los deltas fluviales y en el fondo del mar se depositan fragmentos de rocas, lodo y arena.

Los depósitos de los ríos y océanos forman estratos de rocas sedimentarias.

Corteza oceánica

Manto

...teza continental

Los movimientos de placas ...stran sedimentos bajo tierra.

Primeros anfibios

Primeros reptiles

Primeros dinosaurios
Primeros mamíferos

Carbonífero

Pérmico

Triásico 240 m.a.

Jurásico 205 m.a.

Primeras aves

Primeras flores

290 m.a.

Primeras algas multicelulares

140 m.a.

Cretácico

Extinción de los dinosaurios

Se forma el Himalaya

63 m.a.

Terciario

Edad del Hielo

Primeros humanos

Niveles significativos de oxígeno en la atmósfera

Formación de montañas 1.500 m.a.

Actividad volcánica continua

Los sedimentos más antiguos 3.500 m.a.

Primeras bacterias productoras de oxígeno

Se empiezan a formar los continentes

2 m.a. Cuaternario

Presente

LA EDAD DE LA TIERRA

Nuestro planeta se formó hace cinco mil millones de años. Pero las formas de vida no abundaron hasta hace 570 millones de años y, en términos geológicos, los seres humanos sólo acabamos de entrar en escena. Los científicos dividen la historia de la Tierra en eras, y las eras en periodos.

ERAS

CENOZOICO
MESOZOICO
PALEOZOICO
PRECÁMBRICO (CRIPTOZOICO)

Obsidiana
(extrusiva)

Lava cordada
(extrusiva)

Ríos de fuego

A TRAVÉS DE LA CORTEZA TERRESTRE fluyen ríos de fuego compuestos por una mezcla de rocas fundidas y gases denominada magma, procedente de las profundidades de la Tierra. Cuando el magma rezuma por la superficie, se llama lava. Cuando se enfrían y endurecen, forman un tipo de rocas lamadas magmáticas. La corteza terrestre está compuesta principalmente por rocas magmáticas, aunque la mayoría están enterradas bajo sedimentos, agua marina, tierra u otras rocas.

Existen dos tipos de rocas magmáticas: intrusivas y extrusivas. Las intrusivas se forman cuando el magma se endurece bajo la superficie. Las rocas se enfrían y permanecen bajo tierra hasta que las fuerzas naturales, como la erosión y la elevación tectónica, las ponen al descubierto. El granito es una roca intrusiva que queda al descubierto cuando las montañas se erosionan. Las rocas magmáticas extrusivas o volcánicas se forman cuando el magma sale a la superficie y después se solidifica. El basalto es una roca extrusiva que forma la corteza oceánica. Puesto que los océanos cubren la mayor parte de la Tierra, la mayor parte de la corteza terrestre es basáltica.

Los cristales que componen las rocas magmáticas proporcionan pistas valiosas sobre cómo se formaron. Las rocas intrusivas se enfrían lentamente, produciendo cristales grandes que se pueden ver a simple vista. Sin embargo, las rocas extrusivas se enfrían deprisa, formando cristales diminutos que sólo se pueden ver al microscopio.

FORMACIÓN DE ISLAS
El volcán Kilauea, en la isla principal de Hawai, EE UU, escupe inmensos ríos de lava. Conforme se enfría, la lava se endurece y forma una corteza nueva. Todas las islas hawaianas se formaron así.

Cuando la lava se enfría deprisa, se forman columnas regulares de seis caras.

EN DETALLE

El día que el cielo se ennegreció

Una tarde de agosto del año 79 d.C., la cima de una montaña estalló. Era el monte Vesubio, un volcán de la costa occidental italiana. El joven escritor Plinio vivía cerca de allí. Cuando empezaron a llover cenizas, Plinio y su madre huyeron de su casa. Sobre el volcán «se formó una nube negra y aterradora de la que emergían llamaradas inmensas y espectaculares», escribiría más tarde Plinio. Se instauró la oscuridad. «Podían oírse los lamentos de las mujeres, los llantos de los niños y los gritos de los hombres», añadió. Él y su madre tuvieron que irse: «de no hacerlo, habríamos sido sepultados y aplastados bajo su peso». Pero ellos tuvieron suerte. Ese día, dos ciudades enteras, Herculano y Pompeya, desparecieron bajo la lava. Siglos después, ambas ciudades quedaron al descubierto. La lava se había endurecido alrededor de las víctimas, dejando huecos con forma humana en las rocas tras la descomposición de los cuerpos. Los científicos utilizaron esos huecos para construir moldes.

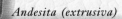

Andesita (extrusiva)   *Gabro (intrusiva)*

Vocabulario

- **Magmático** proviene del griego *magma*, que significa «pasta exprimida».
- La lava que fluye rápidamente forma al endurecerse rocas que parecen espirales de cuerda. En Hawai este tipo de lava se denomina **pahoehoe**. La lava que fluye lentamente se denomina **aa**, porque ése sería el sonido que emitiríamos si anduviésemos descalzos sobre ella.

¡Increíble!

En 1815, el monte Tambora de Indonesia estalló y se produjo la mayor erupción de la historia. Expulsó entre 150 y 180 km³ de cenizas calientes y gases y causó más de 50.000 víctimas. La nube de cenizas expulsada en la erupción eclipsó el Sol durante semanas, lo cual ocasionó una hambruna que provocó al menos 80.000 muertes más.

Conexiones

- Los volcanes se forman en los límites de las placas tectónicas. Lee sobre ello en las páginas 12-13.
- Aprende más sobre la meteorización y la erosión en las páginas 14-15.
- Algunas rocas magmáticas contienen cristales grandes. Descubre más cosas al respecto en las páginas 28-29.
- Aprende a reconocer una roca metamórfica en las páginas 54-55.

UNA ROCA CON ALAS
El Shiprock en Nuevo México, EE UU, es lo que queda de un antiguo volcán. Los indios navajos llamaban a esta estructura de 457 m *Tse Bida'hi*, que significa «la roca alada».

TAPONES VOLCÁNICOS

El Shiprock es un ejemplo de tapón volcánico. Estas masivas acumulaciones de rocas magmáticas tienen un origen tumultuoso. Se forman cuando el magma se enfría y se solidifica en la chimenea de un volcán.

PELDAÑOS DE SEIS CARAS

Cuando la lava se enfría muy deprisa, a veces se fragmenta y se contrae, formando columnas de basalto de seis caras. La Calzada de los Gigantes, en Irlanda del Norte, se formó cuando la lava inundó una planicie hace unos 30 millones de años.

El basalto es una roca volcánica oscura compuesta por pequeños cristales de feldespato y piroxeno.

MATERIA DURA
El granito es una roca muy resistente de color claro que suele contener cristales grandes de mica, feldespato y cuarzo.

Durante las erupciones, los volcanes expelen grandes cantidades de cenizas y lava. Al salir al exterior, la mezcla de lava y cenizas se enfría, formando rocas magmáticas con aspecto de montaña cónica.

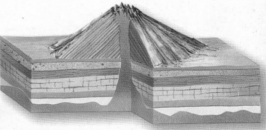

Después de la erupción, el magma se enfría y se solidifica dentro del volcán. La meteorización y la erosión empiezan a desgastar la parte exterior blanda de la montaña.

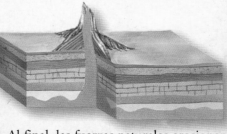

Al final, las fuerzas naturales erosionan totalmente la montaña, prevaleciendo sólo el tapón, más resistente, como recordatorio del antiguo volcán.

Conglomerado
(sedimentos rocosos)

Arenisca
(sedimentos arenosos)

Chert
(sedimentos químicos)

Capa sobre capa

LA TIERRA REMUEVE las rocas, las disemina y las deposita en capas, como un pastel. El proceso empieza con la meteorización y la erosión, que desmenuzan las rocas en pequeños fragmentos. El viento y la lluvia transportan estos fragmentos hasta los lechos de los ríos, lagos y océanos, donde se depositan formando estratos. Conforme se van acumulando a lo largo de millones de años, los fragmentos, o sedimentos, se cementan y forman rocas sedimentarias, como la caliza, la arenisca y el conglomerado.

La meteorización y la erosión cortan los estratos blandos como un cuchillo corta un pastel, pero lo tienen más difícil con los estratos duros. Esto crea formaciones rocosas inusuales al quedar al descubierto distintas capas. Puesto que cada capa de rocas se formó en un ambiente distinto, los científicos pueden estudiar estos estratos y reconstruir la historia del paisaje. En algunas calizas pueden encontrarse restos de conchas marinas. Y las areniscas son restos de antiguas playas, lechos marinos o desiertos. Las rocas sedimentarias contienen sustancias útiles; así, el carbón se forma entre los estratos como resultado de la descomposición de plantas de antiguos pantanos. La sal, que a veces se encuentra en los estratos de estas rocas, se forma cuando el agua se evapora. ¿Te habías planteado alguna vez que aderezas tus platos con restos de antiguos océanos?

SALINAS
La lluvia y el deshielo pueden transformar los valles desérticos en lagos temporales. Cuando se evapora el agua, queda una capa de cristales de sal denominada salina, como ocurre en el Valle de la Muerte, en California, EE UU.

Los estratos inferiores, compuestos por arcillas y limolitas de color rojo oscuro, proceden de antiguos pantanos.

Los estratos intermedios, compuestos por areniscas, arcillas y limos, se formaron bajo ríos, ciénagas y lagos.

EXPERIMENTOS

Fabrica capas sedimentarias

❶ Recoge grava, fina y gruesa, arena fina y un poco de tierra. Vierte unas cuantas cucharadas de cada uno de estos materiales en un bote de cristal y llénalo de agua hasta la mitad. Tápalo bien y agítalo, asegurándote de que se mezclan bien.

❷ Deja que la mezcla se sedimente durante toda la noche. ¿Qué te encontrarás a la mañana siguiente? Los materiales se habrán dispuesto en capas, con la grava más pesada en el fondo. Así es como se forman los estratos sedimentarios bajo el agua. Si enterraras la mezcla, al cabo de unos cuantos millones de años se convertiría en una roca sedimentaria.

LA FORMACIÓN DE UN CAÑÓN

Los ríos a menudo horadan profundamente las rocas, creando cañones y barrancos. A medida que las paredes del cañón se van desgastando, los valles se ensanchan y se forman montañas de cimas planas.

Cuando baja el nivel del mar o se eleva la tierra, las rocas sedimentarias quedan al descubierto. Los ríos horadan profundamente estas rocas, formando pasadizos estrechos en la tierra.

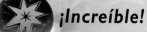

Vocabulario

• La palabra **sedimentario** proviene del latín *sedimentum*, que significa «sedimentación» y también del verbo *sedere*, que significa «hundirse» o «asentarse».
• Un **cañón** es un valle profundo de lados muy abruptos. Proviene de «caña», por la forma tubular de estos valles.

¡Increíble!

La dolomía y la caliza, ambas rocas sedimentarias, suelen contener fragmentos de conchas que pertenecieron a unas criaturas marinas diminutas: los foraminíferos. Estos animales unicelulares son tan pequeños que una concha suya pasaría por el ojo de una aguja.

Conexiones

• Aprende sobre la erosión y la meteorización en las páginas 14-15.
• Las rocas sedimentarias suelen contener fósiles, que sirven para datar estratos. Consulta las páginas 46-47.
• Aprende cómo se forma el carbón y visita una mina en las páginas 48-49.

EN DETALLE

Escalar un cañón

DESDE LAS PROFUNDIDADES
Esta roca de aspecto antiguo es una piedra caliza compuesta por conchas. Se empezó a formar cuando las criaturas marinas murieron y sus conchas se hundieron hasta el fondo del mar. Con el paso del tiempo, las conchas se cementaron formando un bloque sólido.

El general John Wesley Powell, un geólogo al que faltaba un brazo, intenta escalar la pared vertical del cañón del río Colorado. Estamos en el año 1869 y él y sus hombres llevan a cabo la primera exploración del cañón. Ha llegado hasta aquí con su amigo G. Y. Bradley en busca de una ruta para pasar los rápidos. Pero, en este punto, con los pies dentro de una grieta y agarrándose a un saliente rocoso con su único brazo, Powell se ha quedado bloqueado. Pide ayuda. Bradley consigue llegar hasta el saliente, pero no puede alcanzar al general. De repente, se le ocurre una idea. Se quita los pantalones para que el general pueda agarrarse a ellos y así izarlo. Sin la reacción de Bradley, los conocimientos de Powell podrían haberse perdido para siempre.

LABRADO POR AGUAS ANTIGUAS
El acantilado Capitol, en Utah, EE UU, fue bautizado de este modo por un grupo de antiguos colonos porque sus paredes les cerraron el paso como hacen los acantilados en el mar. La mayoría de estas rocas sedimentarias se formaron hace 200 millones de años bajo ríos y pantanos.

El estrato superior, de arenisca dura y roja, resistente a la erosión, se formó con restos de antiguos desiertos y dunas.

El esquisto gris verdoso contiene cenizas volcánicas.

LOS ACANTILADOS BLANCOS DE DOVER
Los acantilados de Dover, en Inglaterra, son de un tipo de piedra caliza blanda llamada creta. Un trozo de esta roca del tamaño del dedo pulgar contiene miles de microscópicos fragmentos de conchas de unos 70 millones de años de antigüedad.

Conforme horadan más profundamente la roca dura y resistente, los ríos van formando valles de paredes abruptas. Cuando encuentran estratos más blandos, los ríos excavan bajo la roca dura.

Al horadar los estratos inferiores, se desmoronan los superiores, de forma que el valle se ensancha. El paisaje resultante contiene rocas de cimas planas de varios tamaños, llamadas mesas y buttes.

Cuarcita

Esquisto plegado

Gneis en bandas

Calor y presión

EN LAS PROFUNDIDADES de la corteza terrestre, el calor y la presión transforman las rocas. Las rocas alteradas se denominan metamórficas. Algunas se forman al ser prensadas por el peso masivo de las montañas; otras cuando el calor abrasador del magma las «cuece» a fuego lento o rápido. Cualquier tipo de roca, magmática, sedimentaria e incluso metamórfica, puede cambiar sometida a condiciones extremas.

Tal vez pienses que unas condiciones tan duras deberían destruir la roca, pero, de hecho, la hacen más resistente. Piensa en cómo se endurece y se compacta la nieve cuando la aprietas en la mano. Lo mismo les ocurre a las rocas. Cuando se comprime una caliza, una roca porosa, se convierte en mármol, una roca compuesta por cristales mayores y mejor cementados. La arcilla, fácilmente desmenuzable, se convierte en pizarra, un material mucho más resistente, del que están hechas las pizarras de tu clase.

Podemos hacernos una ligera idea del mundo que hay bajo la corteza terrestre cuando las rocas metamórficas quedan al descubierto. Esto ocurre cuando el viento, el agua y otras fuerzas naturales arrastran la tierra que cubre las rocas. Si bien las más frágiles desparecen, las rocas metamórficas, más duras, resisten, emergiendo desde la corteza terrestre para formar cadenas montañosas de rocas calentadas y aplastadas.

PIEDRA DE MUCHOS COLORES
El mármol puede presentar una amplia gama de colores, en función de los materiales que contenga la roca.

LA MONTAÑA PARTIDA
En la montaña Partida (California, EE UU) encontramos un nivel superior oscuro de roca metamórfica sobre una roca magmática de color claro. La roca magmática fue una enorme burbuja, o intrusión, de magma que calentó la roca sedimentaria que tenía encima, transformándola en roca metamórfica.

Este bloque de granito, una roca magmática, se formó cuando se enfrió el magma.

La roca metamórfica se formó cuando el magma calentó la roca sedimentaria.

EXPERIMENTOS

Pliega la corteza

❶ Coge cuatro trozos de plastilina de distintos colores. Moldea un rectángulo plano con cada uno de ellos y apila los rectángulos uno encima del otro. Imagina que esas capas de plastilina son bloques de rocas.

❷ Sosteniendo los dos extremos de la pila, presiona suavemente hacia el centro. La plastilina se doblará y se formarán pliegues. Ocurre algo similar con la corteza terrestre cuando chocan dos placas tectónicas. La corteza se pliega, formando montañas. Si la presión es muy fuerte, las rocas que hay bajo las montañas se transforman. Este proceso se denomina metamorfismo regional.

METAMORFISMO REGIONAL

El metamorfismo regional se inicia cuando los movimientos opuestos de dos placas tectónicas adyacentes comprimen un área extensa de tierra.

Corteza superior

Corteza intermedia

Corteza inferior

Los movimientos pliegan y aplastan las rocas. En función de la cantidad de calor y presión, se forman distintos tipos de rocas metamórficas.

Esquisto

Gneis

Esquisto

Vocabulario

• Las palabras **metamórfico** y **metamorfismo** se componen de los términos griegos *meta*, que significa «cambio», y *morphe*, que significa «forma».
• **Gneis** procede de *gneista*, palabra que en noruego antiguo significa «producir chispas».

¡Increíble!

El metamorfismo puede transformar una roca en otros tipos de rocas, en función del calor y presión implicados. Por ejemplo, la lutita se puede convertir en pizarra (presión y calor moderados), filita (calor y presión elevados), esquisto o gneis (calor y presión extremos).

Conexiones

• Descubre cómo el choque de placas tectónicas hace que la Tierra se pliegue en las páginas 12-13.
• Las rocas metamórficas pueden contener gemas. Ve a las páginas 34-35.
• Aprende a reconocer una roca metamórfica en las páginas 54-55.

EN DETALLE

Ver para creer

El geólogo sir James Hall empuñó el arma. Estaba decidido a demostrar algo. Su amigo, James Hutton, creía que el calor y la presión podían transformar las rocas blandas, como la caliza y la dolomía, en mármol. Otros científicos se reían de la idea, pero sir James compartía la opinión de su colega. Para demostrarlo, introdujo tiza en polvo en el cañón de su escopeta, selló el orificio de salida y disparó. Cuando se hubo enfriado, extrajo una masa de piedra que parecía mármol. ¡Hutton tenía razón! Sir James hizo 500 experimentos similares entre 1798 y 1805. Hoy en día todo el mundo les da la razón a él y a Hutton.

MONUMENTO METAMÓRFICO
El emperador indio Shah Jahan construyó este sepulcro, conocido como Taj Mahal, en Agra, para su mujer, Mumtaz. Fue erigido entre 1632 y 1654 y está construido enteramente con mármol blanco.

BAJO PRESIÓN
Este acantilado era antiguamente de esquisto. Las presiones extremas transformaron este tipo de roca en una de otra clase: la pizarra.

METAMORFISMO DE CONTACTO

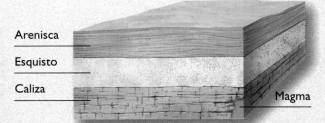

Arenisca
Esquisto
Caliza
Magma

El metamorfismo de contacto tiene lugar cuando el magma asciende a través de la roca. La cámara del magma puede ser tan grande como una montaña o tan pequeña como una casa.

Cuarcita
Corneana
Mármol
Magma

El magma calienta las rocas circundantes. En función del material calentado, se forman distintos tipos de rocas metamórficas.

Rocas extrañas

EN CUANTO CREES haber descifrado el misterio de las rocas, aparece alguna que te rompe todos los esquemas. Pensemos, por ejemplo, en los meteoroides. Se precipitan contra la Tierra procedentes del espacio. Son fragmentos de rocas negras y pesadas. Cuando atraviesan la atmósfera, el rozamiento hace que entren en ignición y desprendan luz. En el pasado, enormes meteoroides han chocado contra la Tierra, creando inmensos cráteres. Entonces reciben el nombre de meteoritos. Afortunadamente para nosotros, la mayoría de estas rocas voladoras se desintegran al entrar en la atmósfera terrestre.

No todas las rocas peculiares proceden del espacio. Por ejemplo, hay un tipo de arenisca que se puede deformar y doblar con las manos como si fuera un trozo de alambre. Esto es posible porque esta roca contiene minerales flexibles fusionados entre sí. También existe un tipo de roca volcánica, la piedra pómez, que es tan ligera que flota en el agua.

Otras rocas tienen simplemente un aspecto extraño. Los pseudofósiles son rocas que parecen fósiles. Mucha gente los confunde con restos de animales o plantas prehistóricos. Algunas rocas se asemejan a plantas. Podría parecer que la rosa del desierto debería estar en un jarrón, pero se trata de una roca hecha de un mineral denominado yeso.

¿ROCAS AUTOPROPULSADAS?
En el Valle de la Muerte (California, EE UU), se ven trozos de roca que han dejado estelas tras de sí, como si se hubieran desplazado sobre el barro. Los científicos creen que estas rocas son arrastradas por placas de hielo que se forman en el lago cuando éste se llena en invierno. Al flotar en aguas someras, el hielo deja una marca en el lecho del lago.

BOLAS DE CRISTAL
Las geodas son bolas de roca que contienen cristales. Por fuera, parece una roca del montón, pero, si la partes por la mitad, te llevarás una grata sorpresa.

FLORES DEL DESIERTO
Algunas «flores» están hechas de roca. Estas rosas de yeso se forman en los desiertos cuando el agua del suelo, rica en calcio y azufre, se evapora. El yeso que queda forma cristales que crecen sobre los granos de arena, uniéndolos en forma de rosa.

BURBUJAS SUBTERRÁNEAS
Las geodas se forman en cavidades dentro de rocas magmáticas o sedimentarias. Quedan al descubierto cuando la meteorización o la erosión desgasta las rocas.

Cuando se forman estratos de rocas metamórficas o sedimentarias, las burbujas de gas pueden crear cavidades. El agua, que contiene minerales disueltos, se filtra a veces dentro de estas cavidades.

📖 Vocabulario

Una roca que viaja por el espacio se llama **meteoroide.** Si entra en la atmósfera de la Tierra, emite haces de luz, denominados **meteoros,** debido al rozamiento. Cualquier roca que no se desintegre e impacte en la superficie de la Tierra recibe el nombre de **meteorito.**

✴ ¡Increíble!

• Cada año entran en la atmósfera terrestre hasta 100.000 toneladas de rocas procedentes del espacio.
• El mayor meteorito del mundo se encuentra cerca de Grootfontein (Namibia, África). Pesa 50 toneladas, y tiene una longitud de 2,7 m, una anchura de 2,4 m y un grosor de 0,9 m.

🏛 Conexiones

• Descubre las insólitas propiedades de los minerales en las páginas 38-39.
• Acompaña a la Luna al primer geólogo espacial en la página 46.
• Los cristales no sólo se forman en el interior de las geodas. Aprende a identificar los cristales de las rocas en las páginas 54-55.

ESCULTURAS NATURALES
Los pseudofósiles son rocas de formas peculiares que parecen ser restos de antiguas formas de vida. Pueden semejar plantas, animales o incluso seres humanos.

⬤ EN DETALLE
Riqueza caída del cielo

El 9 de octubre de 1992, Michelle Knapp estaba en su casa en Peekskill (Nueva York, EE UU) cuando, de repente, oyó un fuerte ruido. «Sonó como si hubieran chocado tres coches», explicaría después. Salió a investigar y descubrió que en la parte trasera de su coche tenía un agujero. Debajo de la carrocería, encontró una roca del tamaño de un melón pequeño que olía a huevos podridos. Era un meteorito. Pero no todo fueron malas noticias. Los coleccionistas pagaron a Michelle unos 69.000 euros por la roca. Y le compraron el coche, valorado en unos 300 euros, por 10.000 euros.

ROCAS DEL ESPACIO EXTERIOR
Los meteoritos, como éste, encontrado en el desierto de Atacama, Chile, son auténticos extraterrestres. La mayoría de ellos son fragmentos de rocas que se desprendieron de asteroides o planetas. Estudiando estos objetos, los científicos pueden aprender más cosas sobre la historia del sistema solar.

EN UN SANTIAMÉN
La fulgurita se forma cuando los rayos caen sobre tierra, arena o roca. El rayo calienta una tira de material, que se funde y se enfría rápidamente, adquiriendo una forma alargada, similar a la de una tubería.

El agua rica en minerales va depositando capas concéntricas de pequeños cristales en las paredes de la cavidad. Cada capa puede ser de un color diferente.

Si no hay suficiente agua para llenar completamente la cavidad, quedará un hueco en el centro. A veces en ese mismo hueco crecen cristales de cuarzo.

Minerales

página **28** ¿Tienen hábitos los minerales?

¿Se puede identificar un cristal por su color?

Dirígete a CONOCE LOS MINERALES.

SI MIRAS una roca de cerca, es posible que te des cuenta de que está hecha de fragmentos diminutos de uno o varios materiales. Estos materiales se llaman minerales. Los minerales son los componentes básicos de las rocas. Son sustancias químicas en estado sólido que se forman en el interior de la Tierra (o de otros planetas). Hay miles de minerales distintos, de todos los tamaños, formas y colores. Incluyen los metales, como el oro y la plata, y las piedras preciosas, como los diamantes. Los minerales pueden tener formas regulares de caras planas denominadas cristales. A menudo, los cristales de varios minerales crecen juntos, formando rocas. Cuando los minerales tienen mucho espacio para crecer, forman cristales grandes y de bonitas formas.

página **30** Algunos minerales contienen metales. ¿Sabes qué metal contienen estas piedras?

¿Cómo se extrae el metal de los minerales?

Dirígete a LAS RIQUEZAS DE LA TIERRA.

página **32** El oro, la plata y el platino son metales preciosos. ¿Cuál de ellos es más valioso?

¿Dónde podrías encontrar una pepita de oro gigante como ésta?

Dirígete a EL TESORO ENTERRADO.

página **34** ¿Cuál es la sustancia más dura de la Tierra? ¿Cómo se forma y dónde la buscarías?

Los minerales más valiosos se conocen como piedras preciosas. ¿Qué es lo que convierte a un mineral en una piedra preciosa?

Dirígete a BELLEZA INSÓLITA.

página **36** El ser humano lleva miles de años utilizando esta piedra azul verdoso para fabricar joyas y ornamentos. ¿Cómo se llama?

Los minerales orgánicos están fabricados por plantas o animales. ¿Qué animales fabrican las perlas?

Dirígete a FORMAS Y COLORES.

página **38** En 1666 llovieron estas cruces de piedra sobre la ciudad italiana de Nápoles. ¿Qué son y de dónde procedían?

¿Te dará buena suerte esta piedra preciosa?

Dirígete a MINERALES MÁGICOS.

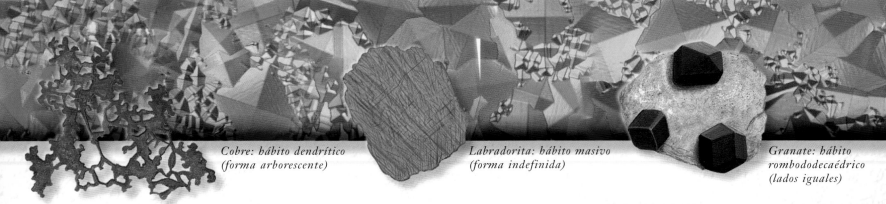

Cobre: hábito dendrítico (forma arborescente)

Labradorita: hábito masivo (forma indefinida)

Granate: hábito rombododecaédrico (lados iguales)

Conoce los minerales

LOS MINERALES SON sustancias sólidas formadas por procesos naturales. Están compuestos por elementos químicos. El 99 % de todos los minerales que hay sobre la Tierra contiene alguno de estos ocho elementos: oxígeno, silicio, aluminio, hierro, magnesio, calcio, potasio y sodio. Los minerales formados por un solo elemento se llaman elementos nativos; los que contienen más de uno, se llaman compuestos.

Como tú, los minerales están formados por átomos. Si pudieras encogerte a tamaño microscópico, comprobarías que en la mayoría de minerales los átomos forman un pauta tridimensional repetitiva. Es lo que hace que un mineral se convierta en un cristal de forma regular y lados planos. Algunos cristales forman cubos, otros forman columnas de tres o más caras, llamadas prismas. A menudo, los minerales se mezclan con otros minerales formando rocas. En estos casos, los cristales pueden ser tan pequeños que no se ven, pero siguen teniendo una estructura interna regular.

Los científicos han identificado más de 2.500 minerales distintos. Podemos reconocer un mineral examinando su color, densidad, dureza y hábito. Por hábito entendemos el aspecto característico de un cristal que refleja su forma predominante. Depende de la estructura interna de los cristales y de las condiciones en que se forman. Algunos hábitos son insólitos. Hay minerales que parecen conjuntos de agujas, racimos de uvas e incluso árboles diminutos.

HEBRAS DE CRISTAL
Haces de filamentos de cristal componen este fragmento de asbesto, confiriéndole un aspecto fibroso. Las fibras de los asbestos repelen el fuego, por lo que este mineral se utilizó como material ignífugo hasta que se comprobó que algunas variedades representan una amenaza para la salud.

GOLOSINAS DE PIEDRA
La wulfenita forma cristales planos cuadrangulares, lo que recibe el nombre de hábito tabular. La forma de los cristales y su color hacen que parezcan caramelos. Los cristales de wulfenita suelen ser transparentes. A veces contienen sutiles figuras internas, conocidas como fantasmas, que se forman cuando pequeñas cantidades de otros minerales quedan atrapadas dentro de los cristales.

EN LA VARIEDAD ESTÁ EL GUSTO
Muchos minerales pueden presentar varios colores distintos. Por ejemplo, la fluorita se da en varios tonos, incluyendo el verde, el amarillo y el morado. Los diversos colores se deben a las impurezas que contiene el material.

Vocabulario

- La palabra **mineral** proviene del término latino *minera*, que significa «mina» o «mineral».
- **Cristal** proviene del griego *crystallos*, que significa «hielo». Los griegos creían que el cuarzo era agua que estaba tan helada que no se derretiría nunca.
- **Rodocrosita** procede de las palabras griegas *rhodon*, que significa «rosa», y *chros*, que significa «color».

¡Increíble!

- El mayor cristal de topacio del mundo se encontró en Brasil en 1940. Pesa 270 kg y se conserva en el Museo Americano de Historia Natural de Nueva York, en EE UU.
- En Dakota del Sur, EE UU, los mineros encontraron cristales de un mineral llamado espodumena que miden 14,3 m de largo y pesan más de 70 toneladas.

Conexiones

- Averigua cómo identificar rocas y minerales en las páginas 54-55.
- La azurita contiene cobre. Aprende más cosas sobre ella en las páginas 30-31.
- Los cristales grandes abundan en las rocas magmáticas y metamórficas. Consulta las páginas 18-19 y 22-23.
- ¿Tienen los minerales poderes mágicos? Averígualo en las páginas 38-39.

MINERALES GIGANTESCOS

En el interior de minerales gigantescos se pueden formar cristales diminutos. Los cristales se forman a distintas velocidades, pero todos ellos conservan su estructura interna. Este cristal de topacio tiene una estructura columnar denominada hábito prismático. Adquirió esta forma mientras iba creciendo hasta pesar 50,3 kg. Estos cristales se tallan de piedras preciosas de grandes dimensiones. La piedra preciosa que aparece abajo se llama topacio dorado americano y pesa 4,5 kg.

EXPERIMENTOS

Fabrica tus propios cristales

Puedes crear tus propios cristales en tu casa utilizando sal y agua.

❶ Vierte sal en un bote de agua caliente y remueve la mezcla hasta que la sal deje de disolverse. Ata un hilo a un lápiz y cuélgalo sobre la solución.

❷ Conforme el agua se vaya evaporando, se irán formando cristales de sal alrededor del hilo. La sal forma cristales cúbicos debido a que sus moléculas se estructuran en un hábito cúbico.

❸ Para favorecer la formación de cristales grandes, desprende los cristales más pequeños y tíralos. Si los cristales dejan de crecer, añade más sal.

AZUL GENUINO
La azurita puede presentar hábitos distintos, pero siempre es de un azul intenso. A veces se forma siguiendo un hábito botrioidal, similar a un racimo de uvas. La azurita se pule y se utiliza para fabricar joyas.

AGUJAS NATURALES
La crocoíta suele presentar un hábito acicular, o en forma de aguja. Este mineral frágil y difícil de encontrar es muy apreciado por los coleccionistas. Algunos de los mejores ejemplares proceden de las minas de la isla de Tasmania, Australia.

PIEDRAS DE UN SOLO COLOR
Algunos minerales son siempre del mismo color. Así, por ejemplo, la rodocrosita siempre presenta el mismo color rosa claro, la malaquita suele ser de color verde vivo y el azufre siempre es amarillo claro.

Bornita
(mineral de cobre)

Galena
(mineral de plomo)

Bauxita (mineral de aluminio)

Las riquezas de la Tierra

LA TIERRA ALBERGA un gran tesoro de minerales útiles. Entre ellos, metales como el oro, la plata, el cobre y el plomo, y minerales no metálicos, como el azufre y la sal. Estos minerales han sido valorados y buscados por los humanos desde hace miles de años.

Uno de los primeros minerales que explotó la industria minera fue el cobre. A veces se forma como cúmulos de metal puro, lo que facilita su identificación y obtención. Otros metales, como el oro, la plata y el platino, también se dan en estado puro. Estos minerales se conocen como metales nativos. Sin embargo, la mayoría de los metales se mezclan con otros elementos, formando los minerales de las rocas. Por ejemplo, la bauxita contiene una mezcla de aluminio y oxígeno; el plomo se encuentra en minerales como la galena y la cerusita. El hombre tardó miles de años en aprender a separar los metales de las rocas.

Hay muchos minerales no metálicos que tienen su utilidad. Por ejemplo, utilizamos el grafito para fabricar lápices, el yeso para enyesar paredes e incluso aderezamos la comida con minerales. ¿Te habías planteado alguna vez que regularmente comes un mineral llamado halita? Se conoce coloquialmente como sal.

ROCA LÍQUIDA
Estas perlas plateadas son gotas de mercurio, el único metal que existe en estado líquido a temperatura ambiente. Se encuentra en el cinabrio, un mineral rojizo. Este metal se utiliza para fabricar termómetros porque es muy sensible a los pequeños cambios de temperatura.

BELLEZA AMARILLA
El azufre es un mineral no metálico de color amarillo claro que se forma cerca de manantiales de agua caliente y respiraderos volcánicos. En el pasado se conocía como «el combustible de las llamas del infierno». El azufre es agradable a la vista, pero se combina fácilmente con hidrógeno, formando sulfuro de hidrógeno, que huele a huevos podridos. A pesar de ello, se utiliza para fabricar abonos e insecticidas.

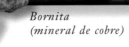
Mineral de hierro

Coque

Caliza

PRODUCCIÓN DE ACERO

El acero es una mezcla de hierro y carbón que se utiliza para fabricar desde trenes y coches hasta una gran variedad de herramientas. La fabricación del acero engloba muchos procesos complejos. Aquí se muestran los más importantes.

El acero se fabrica con hierro, coque (un tipo de carbón calentado) y caliza. Primero se extrae el hierro del mineral que lo contiene, que suele contener también oxígeno.

Los ingredientes se vierten en un horno de gran altura. Se introduce aire caliente para elevar la temperatura. El coque se mezcla con el oxígeno del mineral, dando lugar a monóxido de carbono. El hierro fundido se hunde hasta el fondo del horno. Al añadir caliza, se eliminan las impurezas, formándose un material de desecho llamado escoria.

• La palabra **cobre** proviene del nombre que recibía la isla de Chipre en griego: *Kyprios*, donde se explotó este mineral hace cinco mil años.
• La **hematites** es la principal fuente de hierro. Cuando se tritura se obtiene un polvo rojo. Su nombre viene del griego *haimatites* «como la sangre».
• La **bauxita** debe su nombre a la localidad francesa de Les Baux, donde se descubrió por primera vez en 1821.

• Para producir una tonelada de aluminio se necesitan cuatro toneladas de bauxita.
• Un cubo lleno de 4 l de agua pesa 4 kg. El mismo cubo lleno de mercurio pesaría 55 kg. El mercurio es tan denso que un trozo de plomo flotaría sobre él como un barco sobre el mar.

• ¿Cuáles son los metales más valiosos? Averígualo en las páginas 32-33.
• Muchos edificios están reforzados con acero. Consulta las páginas 8-9 y 42-43.
• Los metales ligeros y resistentes, como el aluminio y el titanio, se utilizan para construir aviones, helicópteros e incluso naves espaciales. Ve a las páginas 50-51.

LOS COLORES DEL COBRE

El cobre se da como metal nativo y mezclado con otros elementos. La forma nativa (abajo izquierda) es rojiza y suele parecer un amasijo de alambres. Pero cuando se combina con otros elementos, suele formar minerales azules o verdes. Por ejemplo, el cobre se encuentra en un mineral de color turquesa denominado auricalcita (izquierda) y en otro de color azul fuerte llamado azurita (derecha).

PÚAS DE ESTIBINA

Parece un montón de alfileres clavados en un acerico, pero se trata de cristales de estibina. La estibina es la principal forma en que se encuentra un metal llamado antimonio.

EN DETALLE

Los fundidores del antiguo Israel

Me llamo Salomón. Vivo en el valle de Timna (Israel). Somos fundidores. Extraemos cobre para el faraón egipcio. El cobre de nuestras minas procede de un mineral de color verde llamado malaquita y lo extraemos mediante un proceso llamado fundición. Llenamos de carbón un horno de piedra y soplamos aire utilizando unos tubos para calentar las brasas. Mi hermano y yo no dejamos de soplar mientras nuestro padre esparce malaquita triturada sobre las llamas y va añadiendo carbón. Después, dejamos que el horno se enfríe. En el fondo se forman cúmulos negros de residuos, llamados escoria. Machacamos la escoria y extraemos gránulos de cobre. Es un trabajo duro, pero nuestro cobre es famoso en todo Egipto.

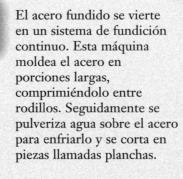

El hierro se vierte en otro horno que contiene fragmentos de acero. Se introduce oxígeno caliente para mantener el hierro caliente y para reducir el exceso de carbono, lo que permite que el hierro se transforme en acero.

El acero fundido se vierte en un sistema de fundición continuo. Esta máquina moldea el acero en porciones largas, comprimiéndolo entre rodillos. Seguidamente se pulveriza agua sobre el acero para enfriarlo y se corta en piezas llamadas planchas.

Los trabajadores de la metalurgia cortan, doblan y enrollan las planchas en diferentes formas, produciendo alambres, vigas, láminas y tubos. Estos artículos se venden a los fabricantes que los utilizan para fabricar una gran variedad de productos.

Alambre

Viga

Lámina

Tubo

El tesoro enterrado

LA TIERRA ALBERGA en su seno un gran tesoro de metales insólitos y preciosos. En el interior y la superficie de este planeta hay fragmentos deslumbrantes de oro, plata y platino esperando a ser descubiertos. Hace 6.000 años, las gentes del golfo Pérsico explotaban minas de oro y plata. Trabajaban estos metales blandos elaborando joyas y otros objetos decorativos. Sin embargo el platino no se descubrió hasta principios del siglo XVIII, pero su escasez hace que sea incluso más valioso que el oro.

Los metales preciosos se suelen dar en estado puro o nativo. Forman vetas, depósitos minerales que llenan grietas de la corteza terrestre. También se hallan mezclados con arena y grava en los lechos fluviales. Estos depósitos se forman cuando la erosión separa el metal de la roca y el agua lo arrastra hasta el cauce de un río, donde se hunde hasta el fondo.

El oro se transforma en piezas de joyería, pero también se usa en la industria. No se oxida y se suele utilizar para fabricar piezas de equipos electrónicos de vital importancia. Además es muy brillante. Cuando se utiliza para recubrir el exterior de satélites y otros instrumentos espaciales, el oro refleja radiaciones cósmicas que, en caso contrario, dañarían los equipos.

FILAMENTOS DE PLATA
En los lugares donde un líquido caliente deposita minerales se forman filamentos ramificados de plata en estado puro. Una pequeña cantidad de la plata que se obtiene se transforma en monedas, joyas y utensilios. Pero la mayor parte de este metal se destina a la fotografía. Cuando sacas una foto, en la emulsión de la película se forman cristales de plata. Los cristales reaccionan ante la luz y captan la imagen.

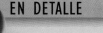

EN DETALLE

La fiebre del oro

Me llamo Pete y soy buscador de oro. Ahora estoy trabajando en el norte de California. Antes vivía en Boston, en el este de EE UU, donde era banquero. Pero leí en la prensa que un hombre había encontrado oro aquí, en el río American. Así que dejé el trabajo y puse rumbo a San Francisco. A mi paso dejé granjas y negocios abandonados, todo el mundo se está contagiando de la fiebre del oro. Llegué a principios de 1849, por lo que mis colegas me llaman «el del 49». Espero que pronto me llamen «el millonario».

PRECIADO PLATINO
Las pepitas de platino raramente superan el tamaño de un guisante. Ésta, reproducida a tamaño natural, se consideraría un gran hallazgo. El platino de mejor calidad procede de los montes Urales (Rusia). Se utiliza para hacer joyas, pero también tiene usos no ornamentales. Así, se utiliza en los catalizadores de los coches para atrapar la suciedad y los gases tóxicos.

Vocabulario

 **¡Increíble!**

 **Conexiones**

- **Platino** proviene de la palabra española «plata». Su nombre se refiere al color del metal.
- Durante siglos, la **pirita** se utilizó para hacer fuego. Al frotar este mineral contra una superficie de hierro o sílex, saltan chispas. «Pirita» procede de la palabra griega *pyr*, que significa «fuego».
- El símbolo químico de la plata es **Ag**, y procede del término latino *argentum*, que significa «blanco y brillante».

- La pepita de oro puro más grande del mundo se encontró en Moliagul (Victoria, Australia) en 1869, y llegó a pesar 70,8 kg.
- El platino es tan escaso que 1.000 toneladas de roca pueden contener sólo medio kilo de metal.
- El oro es tan fácil de trabajar que 30 g de este metal se podrían transformar en un alambre del grosor de un cabello con más de 80 km de longitud.

- El oro, la plata y el platino son elementos nativos. Descubre más cosas sobre ellos en las páginas 28-29.
- Los metales preciosos a veces se extraen de minerales compuestos por varios elementos distintos. Consulta las páginas 30-31.
- Para saber cómo se identifican algunos minerales, lee la página 55.

FORMACIÓN DEL ORO

Algunas pepitas de oro crecen en los sedimentos como crecen las patatas en la tierra. Los científicos creen que estas pepitas se forman cuando partículas de oro arrastradas por el agua se adhieren a bacterias.

NO TE DEJES ENGAÑAR

Los buscadores de oro confundían a menudo este mineral amarillo y brillante, llamado pirita, con el oro. No te dejes engañar. Podrás distinguir entre el oro y la pirita frotando ambos minerales contra una pieza de porcelana blanca no vidriada. La pirita deja una marca de color negro verdoso, mientras que el oro la deja amarilla.

Los filamentos microscópicos de las bacterias que viven en los sedimentos atraen las moléculas de oro disueltas en la tierra. La electricidad estática provoca que el oro se adhiera a las bacterias, como se adhieren los trocitos de papel a un globo después de frotártelo contra el cabello.

PEPITAS DE ORO

Las pepitas de oro tan grandes como éstas son muy poco habituales. Éstas son reproducciones en yeso de un par de pepitas encontradas en Rheola (Victoria, Australia) en 1870. Se conocen como el Vizconde y la Vizcondesa de Canterbury. Si estas pepitas fueran reales, los niños no las podrían levantar del suelo ya que el oro pesa el doble que el plomo.

Se van adhiriendo más partículas de oro a la bacteria, a la que recubre como si fuera una armadura. Poco a poco, el oro se hace más grueso y va rellenando los huecos que había entre los filamentos.

Con el paso del tiempo, se forma una pepita microscópica que seguirá atrayendo a pequeños fragmentos de oro. Al final, puede crecer tanto como las pepitas de la izquierda.

Esta fotografía tomada al microscopio muestra una fina capa de oro recubriendo una apretada masa de bacterias. La parte superior se ha desgastado a consecuencia de la erosión.

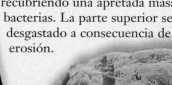

Belleza insólita

ALGUNOS MINERALES PERTENECEN a una clase muy
especial. Conocidos como gemas, son buscados y atesorados
por su gran belleza. Las gemas más valiosas, conocidas
como piedras preciosas, tienen dos cualidades destacadas:
son escasas y duraderas. Los humanos valoramos estas
piedras porque son minerales que conservan su belleza,
sin rayarse ni romperse, durante mucho tiempo. Entre
las piedras preciosas se incluyen los diamantes, los rubíes,
los zafiros y las esmeraldas.

    Algunas gemas son el producto del metamorfismo,
cuando las rocas son enterradas, comprimidas y calentadas
por los movimientos de las placas. Así, los rubíes se forman
cuando las rocas sedimentarias se transforman durante la
formación de montañas. Sin embargo, los diamantes se
forman en las profundidades de la Tierra, y las esmeraldas
se forman cuando los líquidos cristalizan dentro o alrededor
de una piedra granítica que se está enfriando.

    Las piedras preciosas se aproximan a la superficie
a consecuencia de las erupciones volcánicas o los
movimientos de placas y la erosión las pone al descubierto.
El agua puede separar las gemas de las capas de rocas y
llevarlas hasta los ríos. Estos depósitos se llaman placeres.
Los mineros tienen que remover hasta 450 toneladas de
minerales para encontrar un diamante de unos 30 gramos.

LA REINA DE LAS GEMAS

El diamante es la sustancia natural más dura
que hay sobre la faz de la Tierra. Además
posee un brillo sin par. Muchos diamantes
parecen incoloros o transparentes, pero la
mayoría posee un leve matiz amarillento.
El famoso diamante Tiffany (de
128 quilates, aquí reproducido) tiene
un brillo de un amarillo canario.
También hay diamantes
rosas, verdes, azules,
morados y rojos,
los más raros
de todos.

ROJO RUBÍ

El rubí (izquierda) y el
zafiro son dos variantes de
un mineral llamado
corindón. Si éste se mezcla
con una pequeña cantidad
de cromo, se obtiene un
mineral rojo denominado
rubí. El color del rubí
oscila entre el rojo pálido
y el morado. Los rubíes de
color rojo sangre son una
de las gemas más valoradas.
Los rubíes también se
utilizan para fabricar
láseres.

BAJO PRESIÓN

Los diamantes se forman a unos 145 km o
más de profundidad, en el manto superior.
Ascienden a la superficie durante la
formación de una roca metamórfica llamada
kimberlita. Aquí tienes los principales pasos
del proceso de formación de esta roca.

Las presiones extremas del manto
superior comprimen las moléculas
de carbono convirtiéndolas en
cristales de diamante. El magma
que contiene estos cristales
asciende hacia la superficie,
empujado por el manto circundante
más denso. Conforme el magma se
adentra en la corteza, se forman
burbujas de gas en su interior.

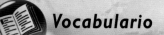
- **Turmalina** proviene de la palabra cingalesa *touramalli*, que significa «piedras de colores variados».
- **Diamante** proviene de la palabra griega *adamas*, que significa «invencible».
- El **rubí** debe su nombre a la palabra latina *rubeus*, que significa «rojo».
- **Corindón** procede de la palabra sánscrita *kuruvinda*, que significa «rubí».

- El diamante más grande jamás encontrado es el Cullinan, de 3.106 quilates. Descubierto en Sudáfrica en 1905, se talló en 9 piezas de joyería grandes y 96 de menor tamaño.
- El corindón es el segundo mineral más duro después del diamante. No obstante, el diamante es 150 veces más duro que el corindón.

- Las gemas más comunes se llaman piedras semipreciosas. Descubre estos minerales en las páginas 36-37.
- Durante siglos, la gente creyó que las gemas tenían poderes mágicos. Lee sobre el tema en las páginas 38-39.
- Hay una gema, denominada topacio, que puede formar enormes cristales. Ve un topacio gigante en las páginas 28-29.

EN DETALLE
El diamante Punch

En abril de 1928, William Jones, de 12 años, apodado Punch, hizo un destacado descubrimiento. Estaba jugando a lanzar herraduras con su padre, Grover, en el patio de su casa, en Petertown (Virginia, EE UU). Al caer al suelo una de las herraduras, padre e hijo oyeron un fuerte clang. Cuando Punch apartó la tierra, vio un cristal blanco azulado del tamaño de una canica grande reflejando la luz del sol. «Mira, he encontrado un diamante», le dijo a su padre. Los dos se rieron de la idea. Punch guardó la piedra en una caja de puros, donde permaneció 15 años. En 1943, Grover llevó la piedra a un experto, quien confirmó que era un diamante de 34,48 quilates, uno de los más grandes encontrados en EE UU.

La familia Jones mostró el diamante Punch, como se conoce ahora, en un museo. Más tarde, en 1984, lo vendieron. Aquella piedra azulada fue valorada en unos 74.250 dólares.

BUSCAR ZAFIROS
Este hombre esta buscando zafiros utilizando una bomba para succionar los sedimentos fluviales que después pasará por un tamiz. Cuando vierta los sedimentos sobre el tamiz y los remueva, la fuerza centrífuga desplazará las piedras más ligeras, como el cuarzo, hacia el exterior, mientras que los circones rojos y los zafiros azules, más pesados, quedarán en el centro (arriba derecha).

¿TURMALINA O SANDÍA?
Con la «corteza» verde y la «pulpa» roja, este cristal de turmalina parece un trozo de sandía. La turmalina puede ser de muchos colores: rosa, roja, azul, verde, violeta, amarilla, naranja, marrón, negra o incluso transparente. El color depende de los metales que contenga el mineral. El rosa se asocia a magnesio, mientras que el verde puede asociarse a hierro o a cromo.

DIAMANTE EN BRUTO
Los diamantes como éste se suelen encontrar en una roca llamada kimberlita. Generalmente forman cristales de ocho caras llamados octaedros, que parecen dos pirámides pegadas por la base.

A menudo, la acumulación de gas o una reacción física entre el magma y el agua de la tierra provoca una erupción volcánica explosiva en la que se expelen rocas fundidas, materiales rocosos y diamantes. La última de estas erupciones probablemente ocurrió hace unos 60 millones de años.

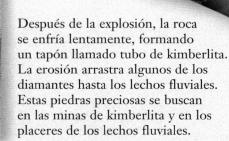

Después de la explosión, la roca se enfría lentamente, formando un tapón llamado tubo de kimberlita. La erosión arrastra algunos de los diamantes hasta los lechos fluviales. Estas piedras preciosas se buscan en las minas de kimberlita y en los placeres de los lechos fluviales.

Cuando se encontraron, estas piedras eran rugosas y opacas. Pero, al pulirlas, se transformaron completamente, poniéndose de manifiesto sus vívidos colores.

En el sentido de las agujas del reloj y empezando por arriba a la izquierda: amazonita, jaspe, ojo de tigre, rodonita, obsidiana, hematites, ágata y sanguinaria.

Formas y colores

ALGUNAS GEMAS, aparte de bonitas, son abundantes. Al ser más comunes, estas piedras son menos valiosas que las piedras preciosas. De todos modos también se buscan y atesoran por sus formas y vivos colores. Durante miles de años, el hombre ha utilizado piedras ornamentales para embellecer prendas de vestir, joyas y obras de arte. Por ejemplo, hace 20.000 años en Francia se fabricaban joyas utilizando trozos pulidos de una piedra rojiza llamada jaspe.

Las piedras ornamentales se presentan como cúmulos de cristales entremezclados. Algunas combinaciones de cristales forman diseños sorprendentes. El ágata contiene bandas concéntricas de colores. Están formadas por capas alternas de pequeños cristales de calcedonia que contienen sustancias químicas ligeramente distintas y se pueden combinar con cristales de cuarzo de mayor tamaño.

Hay otro tipo de gemas, llamadas orgánicas, que están fabricadas por plantas y animales. Por ejemplo, las ostras fabrican perlas, y el coral está formado por esqueletos de criaturas marinas. Asimismo, hay una gema negra que es una variedad de carbón, el cual, de hecho, es una roca formada con restos de plantas.

Nefrita

DOS EN UNO
Jade es el nombre que se da a dos minerales distintos: la nefrita y la jadeíta. Ambos son duros y se dan en distintos colores. Los pobladores de Nueva Zelanda llevan trabajando la nefrita en obras de arte y herramientas como ésta desde el año 1000 d.C.

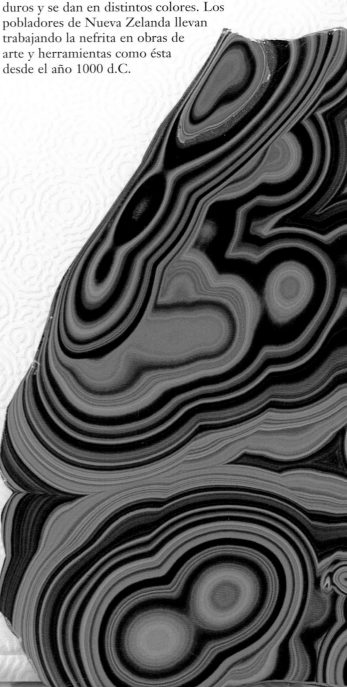

ULTRA AZUL
El lapislázuli se valora por ser de un azul muy vivo y se usa en joyería. Los egipcios utilizaban el polvo de lapislázuli como sombra de ojos. En la Europa renacentista se utilizó este polvo en un tipo de pintura muy preciado, llamada ultramarina. En este cuadro, «San Francisco ofreciendo su manto a un soldado pobre» (1437), el pintor Sassetta utilizó lapislázuli para resaltar el valor del manto.

Lapislázuli

GEMAS QUE CRECEN
Una perla se empieza a formar cuando un grano de arena se introduce dentro de la concha de una ostra, almeja o mejillón.

Para evitar irritaciones, el animal recubre el elemento extraño de una sustancia llamada nácar que se va acumulando en capas y, al cabo de unos siete años, se forma una perla.

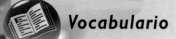
• Los mercaderes venecianos solían comprar **turquesas** en los mercados turcos para venderlas a los europeos. Los franceses que compraban las piedras las denominaban *pierre turquoise*, «piedra turca».
• **Lapislázuli** proviene de *lapis*, que en latín significa «piedra», y la palabra árabe *lazaward*, que significa «cielo».

• Las tribus pueblo en América del Norte solían colocar turquesas en las tumbas. El yacimiento de Pueblo Bonito, en Nuevo México (EE UU), contiene unas 24.900 de estas cuentas.
• El lapislázuli de mejor calidad viene de los montes de Badakhshan (Afganistán), donde la minería de este material se remonta a hace más de 6.000 años.

• Las ágatas suelen ocupar las cavidades de las geodas. Descubre más información en las páginas 24-25.
• Las piedras ornamentales se han utilizado en joyería durante siglos. Consulta las páginas 44-45.
• El ámbar es una gema orgánica. Parece un mineral, pero de hecho es la resina de un árbol fosilizada. A veces contiene antiguas formas de vida. Echa un vistazo a un ejemplar en la página 60.

EXPERIMENTOS
Dar «marcha» a las piedras

En estado natural, la mayoría de piedras ornamentales son rugosas y ásperas. Para revelar sus colores y formas, los especialistas las pulen utilizando máquinas giratorias. Estas máquinas constan de un tambor hueco que es rotado por unos rodillos impulsados por un motor.

Para pulirlas, las piedras se colocan dentro del tambor añadiendo agua y arena gruesa. Seguidamente, se pone en marcha la máquina y se deja funcionando durante una semana aproximadamente. A continuación, se sustituye la arena gruesa por arena fina y se deja la máquina funcionando durante otra semana. La arena tritura los bordes rugosos de las piedras hasta dejarlas lisas. Por último, se extrae la arena, se añade polvo fino para pulir y se vuelve a poner en marcha la máquina. El polvo da a las piedras el toque final, dejándolas brillantes.

Turquesa

EL ROSTRO DE UN DIOS
El primer uso documentado de la turquesa se remonta a 5.000 a.C., en Mesopotamia (actual Irak), donde se utilizaba para fabricar cuentas. En América del Norte, los aztecas utilizaban la turquesa para fabricar pendientes y máscaras ceremoniales. Esta máscara, fabricada aproximadamente en 1500 d.C., representa al dios azteca del viento, Quetzalcóatl.

SILUETAS EN LA PIEDRA
Los remolinos de tonos verdes confieren a la malaquita una gran belleza. Las bandas de color verde claro son cúmulos de cristales diminutos. Las rayas de color verde oscuro contienen cristales más grandes. La malaquita adopta muchas formas distintas. Este ejemplar tiene un hábito masivo, pero la malaquita también puede presentar otros hábitos, como el fibroso, el radial y el botrioidal (como un racimo de uvas).

JOYAS DE LAS PROFUNDIDADES
Las perlas suelen ser redondas y pequeñas, y a menudo se utilizan para fabricar collares (arriba). Pero el hombre ha aprendido a modificar su forma. Estas perlas de Buda (derecha) se obtuvieron implantando pequeños Budas de plomo dentro de un mejillón vivo. Al cabo de varios años, el animal había cubierto las figuritas de capas de nácar. Esta práctica se inició en China en el siglo XII.

Malaquita

El hombre cultiva perlas colocando cuentas pequeñas dentro de ostras y mejillones. El nácar se acumula alrededor de la cuenta como si se tratara de un grano de arena.

Partida por la mitad, una perla natural tiene muchas capas concéntricas de nácar alrededor de un grano de arena, mientras que una perla cultivada tiene unas pocas alrededor de la cuenta.

Perla natural

Perla cultivada

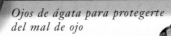

Bola de cristal de cuarzo para ver el futuro

Ojos de ágata para protegerte del mal de ojo

Minerales mágicos

LAS EXTRAORDINARIAS FORMAS, colores y propiedades de algunos minerales provocaron extrañeza entre los antiguos pobladores del planeta. Nuestros antecesores se quedaron perplejos ante las propiedades de ciertos minerales, como la magnetita, que actúa como un imán, y el ámbar, que contiene insectos.

Su perplejidad alimentó la aparición de creencias sobre los minerales, algunas de las cuales tenían cierta base científica. Por ejemplo, el cuarzo se colocaba en la frente de los enfermos para bajar la fiebre. Este mineral es un buen aislante térmico, por lo que, si se mantiene en un lugar frío, provocará frescor y alivio. Los antiguos pobladores de América frotaban cristales de cuarzo durante las ceremonias para simular relámpagos. El cuarzo brilla cuando se golpea o aplasta, una propiedad conocida como triboluminiscencia.

Otras supersticiones relacionadas con los minerales no tienen ninguna base científica. En Grecia, algunos niños llevan granates para protegerse de morir ahogados. En Oriente Medio, algunos ganaderos atan turquesas a las colas de sus caballos para protegerlos de los accidentes. Y en muchas sociedades la gente todavía cree que los cristales tienen poderes curativos e incluso permiten predecir el futuro.

CRISTALES SAGRADOS
Cuando el monte Vesubio entró en erupción en 1666, sobre la ciudad de Nápoles llovieron cruces. La gente lo consideró un milagro, pero las cruces eran cristales de piroxeno que se habían entrelazado en ángulo recto. Este proceso se llama entrelazamiento.

EXPERIMENTOS
Dulzura y luz

Introduce un terrón de azúcar en una habitación oscura y aplástalo con unos alicates. Verás que brilla levemente. Sigue apretando hasta que se resquebraje. Cuando se rompa, deberías ver un destello azul.

Cuando los comprimas, los cristales de azúcar se romperán en fragmentos cargados positiva y negativamente. La energía saltará entre las cargas opuestas, produciendo chispas que reaccionarán con el nitrógeno del aire, generando el destello azulado. Alguno minerales, como el cuarzo y la fluorita, comparten esta propiedad. Determinados materiales producen destellos mayores porque las sustancias químicas que contienen también emiten luz.

Fluorita

GEMAS DE OJO DE GATO
Esta gema parece mirarte fijamente. Su color y la franja central de luz reflejada hacen que se asemeje al ojo de un gato. Algunos minerales producen este efecto cuando se tallan en fragmentos redondos y lisos llamados cabujones. Pero el crisoberilo que mostramos aquí es el verdadero ojo de gato. La franja central amarilla se corresponde con una fila de fibras paralelas de un mineral llamado rutilo, que refleja la luz.

MINERALES FLUORESCENTES
Los minerales fluorescentes brillan vívidamente cuando son expuestos a la luz ultravioleta. Otros minerales, como el diamante, siguen brillando después de apagar la luz, un rasgo llamado fosforescencia. Estos cambios se deben a que los minerales absorben los rayos de luz y luego los irradian con distintas longitudes de onda, produciendo colores visibles.

• Antiguamente se creía que el **jade** podía curar el dolor de riñones si se aplicaba sobre ese lado del cuerpo. La palabra «jade» proviene de *piedra de ijada*, que significaba «piedra del lado».
• Los griegos creían que si colocaban una **amatista** dentro del vino, no se emborracharían. «Amatista» proviene del término griego *amethystos*, que significa «no ebrio».

• Los antiguos egipcios colocaban esmeraldas en la garganta de las momias para tener fuerza en el otro mundo.
• En la Edad Media, algunos médicos creían que si una persona se frotaba el cuerpo con sanguinaria y ciertas hierbas, se volvería invisible.
• En el siglo XVII, un médico inglés, William Rowland, sostenía que granates triturados curaban los problemas cardíacos.

• Las rocas tienen propiedades sorprendentes. Ve a las páginas 24-25.
• Aprende más sobre las formas de los minerales en las páginas 28-29.
• Muchas gemas poco comunes se usan para joyería. Consulta las páginas 44-45.
• Algunos minerales poseen propiedades extraordinarias que aprovechamos desde hace poco. Lee las páginas 50-51.

Estroncianita

PIEDRAS NATALICIAS

La mención de las piedras natalicias se remonta a la antigüedad. Se pueden relacionar con las doce gemas del pectoral de Aarón, sacerdote hebreo hermano de Moisés, que representaban las 12 tribus de Israel. Posteriormente se empezaron a asociar con los signos del zodiaco y después con los meses del año. Hoy en día, todavía se dice que tu piedra natalicia te dará buena suerte.

ENERO
Granate

FEBRERO
Amatista

MARZO
Aguamarina

ABRIL
Diamante

MAYO
Esmeralda

JUNIO
Perla

JULIO
Rubí

AGOSTO
Peridoto

SEPTIEMBRE
Zafiro

OCTUBRE
Ópalo

NOVIEMBRE
Topacio

DICIEMBRE
Turquesa

RUBÍ INCRUSTADO EN MÁRMOL
Los rubíes, que aquí aparecen incrustados en un bloque de mármol, se asocian a muchos mitos. Los guerreros birmanos creían que, si se cosían rubíes en la carne, los protegerían en la batalla. Otros sostenían que, si un rubí se vuelve negro, algo malo le ocurrirá a su propietario.

FRAGMENTOS DE LUNA
Ciertos tipos de feldespato tienen un brillo blanco nacarado. La gente pensó que este brillo se parecía al reflejo de la Luna, así que llamaron a estos minerales piedras de la Luna. El brillo se debe, de hecho, a capas de cristales diminutos que reflejan la luz. El naturalista romano Plinio creía que si elevabas una piedra de la Luna hacia las estrellas, absorbería la luz estelar.

Wilemita (verde) y calcita (roja)

Coleccionar rocas y minerales

A LO LARGO DE TODA LA HISTORIA, el hombre ha recogido rocas y minerales para fabricar materiales y objetos útiles. Los ha transformado en herramientas, los ha utilizado para construir casas, y como combustibles, ornamentos y joyas. Hay personas que recogen y estudian rocas y minerales para averiguar más cosas sobre nuestro planeta. Estas personas se llaman geólogos. Tú puedes convertirte en un geólogo. Todo lo que necesitas son unas herramientas simples y conocimientos básicos sobre rocas y minerales. Puedes estudiar la geología de tu área, visitar formaciones inusuales y recoger muestras. Al final, puedes tener tu propia colección de rocas y minerales.

página **42** Casi todos los edificios están fabricados con productos derivados de las rocas.

Dirígete a COMPONENTES BÁSICOS.

página **44** Durante siglos, el hombre ha utilizado rocas en las obras de arte.

Dirígete a ROCAS ARTÍSTICAS.

página **46** ¿Por qué estudian los geólogos el fondo del mar?

Dirígete a LAS CLAVES DE LAS ROCAS.

página **48** ¿Qué tipo de combustibles se forman entre estratos rocosos?

Dirígete a ROCAS PARA QUEMAR.

página **50** ¿Sabías que tu ordenador contiene minerales y cristales?

Dirígete a PEDAZOS DE ROCAS ANTIGUAS.

página **52** ¿Cómo puedes organizar y almacenar una colección de rocas y minerales?

Dirígete a
BUSCAR ROCAS.

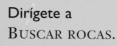

página **54** ¿Cómo puedes distinguir entre rocas o minerales diferentes?

Dirígete a
DA NOMBRE
A ESA ROCA.

página **56** ¿Qué tipo de formación geológica es ésta?

Dirígete a
UNA EXCURSIÓN
A LA MONTAÑA.

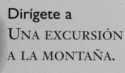
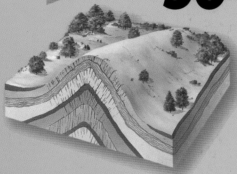

página **58** ¿Qué busca un geólogo en la orilla del mar?

Dirígete a
UNA MIRADA
A LA COSTA.

página **60** Algunas rocas contienen restos y huellas de antiguas formas de vida.

Dirígete a
BUSCAR FÓSILES.

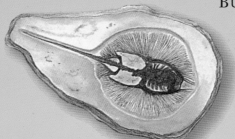

Monumento de Stonehenge, Salisbury (Inglaterra)

Pirámides de Giza (Egipto)

Coliseo de Roma (Italia)

Componentes básicos

DURANTE MILLONES DE AÑOS el hombre ha utilizado rocas para construir casas y otros edificios. Los primeros humanos se cobijaron en cuevas naturales y aprendieron a excavarlas en la roca. Después construyeron cabañas con madera, paja o adobes de barro. Pero se dieron cuenta de que los edificios más resistentes eran los construidos con piedras.

Los antiguos egipcios aprendieron a cortar la piedra caliza en las canteras y construyeron enormes pirámides. También descubrieron cómo utilizar bloques gigantescos de granito para construir calzadas y muros. Los romanos erigieron elegantes templos y estadios inmensos utilizando rocas como el travertino, una caliza porosa de color crema. En el siglo II a.C., los chinos empezaron a construir la muralla más larga del mundo con bloques de granito y otras rocas. Muchas de estas construcciones antiguas han perdurado hasta hoy.

Con el tiempo, se fueron descubriendo nuevos materiales y técnicas. El hombre aprendió a fabricar vidrio con arena y a cortar la pizarra para fabricar tejas. Más recientemente, empezó a utilizar acero y hormigón para construir rascacielos. Hoy en día, basta con levantar la vista para contemplar los múltiples usos que se dan a las rocas.

EN DETALLE
Amurallados

El emperador Shih Huang Ti dio un puñetazo en la mesa. Sus consejeros acababan de traerle malas noticias. Los mongoles habían invadido otro poblado. «Tenemos que protegernos de los bárbaros», gritó. Entonces ordenó a sus súbditos que reforzaran las murallas existentes y que construyeran otras nuevas. En el año 21 a.C., 11 años después del mandato del emperador, todas las murallas se habían unido en una sola. Los emperadores posteriores extendieron esta muralla hasta que circundó todo el reino. Hoy en día, la Gran Muralla rodea el norte de China, mide 3.461 km y en algunos puntos alcanza los 9 m de altura.

EXPERIMENTOS
Construye un puente con libros

Muchos pueblos antiguos construían puentes, arcos y portales apilando piedras de forma escalonada hasta que las de arriba casi se tocaban. Entonces colocaban otra piedra encima para formar un arco. Tú puedes hacer lo mismo con libros y dos sillas.

Coloca una silla enfrente de otra, separadas por unos 45 cm. Apila libros en ambas sillas. Coloca cada libro de modo que esté más cerca de la otra silla que el libro que tiene debajo. Cuando las dos pilas estén a punto de juntarse, coloca encima el último libro para cerrar el puente.

DE ORILLA A ORILLA
Para levantar el puente del puerto de Sydney, en Nueva Gales del Sur (Australia), se utilizaron distintos tipos de rocas y minerales. El puente se completó en 1932 y contiene casi 35.000 toneladas de acero. Los postes son de granito y los cimientos de arenisca amarilla.

DE LA CAVERNA AL RASCACIELOS

A lo largo de la historia, el hombre ha utilizado distintos tipos de rocas y minerales para construir una gran variedad de casas.

TOBA RESISTENTE
Hace 4.000 años, los pobladores de Capadocia (Turquía) excavaron casas en pináculos de una roca volcánica llamada toba. Algunas casas se siguen utilizando en la actualidad.

LADRILLO A LADRILLO
Durante siglos, los indígenas americanos construyeron casas con adobes. Estos adobes se fabricaban con una mezcla de barro, paja y agua.

- La palabra **construir** proviene del término latino *construere*, que significa «amontonar», «edificar».
- La palabra **cemento** proviene del término latino *caementum*, que significa «piedra resistente».
- Los romanos llamaban a sus estadios **coliseos**. Este nombre proviene de la palabra latina *colosseus*, que significa «colosal», «gigantesco».

- Los incas, que dominaron el oeste de América del Sur entre 1400 y 1532, construyeron edificios inmensos sin utilizar mortero. En lugar de ello, cortaban las piedras para que encajaran perfectamente entre sí.
- Los científicos han calculado que los hombres prehistóricos tardaron unos 30 millones de horas en levantar Stonehenge en el sur de Inglaterra.

- Las pirámides mayas y egipcias están construidas con caliza, una roca sedimentaria. Averigua más cosas sobre estas rocas en las páginas 20-21.
- El acero utilizado en el puente de Sydney se fabricó con mineral de hierro. Descubre el proceso en las páginas 30-31.

Primero, los mayas construían muros recios de piedra y rellenaban los huecos con escombros.

PIRÁMIDES DE AMÉRICA
Hace aproximadamente 2.000 años, en México y América Central, los mayas utilizaron las técnicas que se muestran aquí para construir enormes templos de piedra, algunos de los cuales contienen las tumbas de sus gobernantes. Muchas de estas pirámides todavía siguen en pie.

Después, levantaban un muro exterior con bloques de caliza finamente cortados.

El muro exterior se recubría de yeso fino.

Templo acabado.

Trabajadores pintaban y decoraban el yeso con vivos colores.

Canteros rompían las rocas para hacer escombros.

Canteros tallaban la caliza en bloques rectangulares.

Albañiles esculpían las piedras decorativas que iban en el exterior del edificio.

CASA DE CAMPO
En el sudeste de Inglaterra se solían construir casas como ésta con una roca sedimentaria llamada oolita. Para fabricar las tejas se cortaban piezas planas de la misma roca.

VIVIR EN LAS ALTURAS
Los edificios de apartamentos modernos albergan a muchas personas en un área reducida. Estos edificios suelen tener armazones de acero, suelos de hormigón y enormes ventanas con marcos de acero.

*Pintura rupestre
(España)*

*Figura de jade
(China)*

*Cuenco de arcilla de la
tribu pueblo (EE UU)*

Rocas artísticas

EL HOMBRE HA UTILIZADO rocas y minerales para crear obras de arte desde la antigüedad. Hace 25.000 años, los hombres primitivos utilizaron tintes de colores fabricados con rocas y minerales para pintar escenas en las paredes de las cavernas. Hace 5.000 años, los egipcios tallaron distintos minerales, incluyendo el cuarzo, la obsidiana, el lapislázuli y el oro, para fabricar joyas. Posteriormente, los romanos y los griegos esculpieron magníficas obras de arte en bloques de mármol. Hoy, la gente visita los museos para admirar estas obras.

Pero el arte no sólo transmite belleza, nos transmite información sobre los estilos de vida de nuestros antepasados. Las pinturas rupestres nos enseñan qué animales cazaban los hombres primitivos. Las herramientas y las armas metálicas indican cómo trabajaban y luchaban. Las joyas nos indican qué minerales se valoraban más. Las esculturas preservan las percepciones artísticas para las nuevas generaciones.

En la actualidad, forjamos joyas con metales y piedras preciosas y creamos esculturas con piedras y metales. La tecnología facilita el proceso de creación de obras de arte con rocas y minerales. Los avances tecnológicos facilitan la extracción de rocas, gemas y metales de la corteza terrestre. Sabemos cómo debemos mezclar los metales para endurecerlos y cómo tallar una gema para que brille con más intensidad. Dentro de miles de años, nuestras obras de arte ayudarán a las sociedades futuras a entender cómo vivíamos.

CORONA DE JOYAS
Esta espectacular corona se fabricó en 1605 para la ceremonia de coronación del príncipe István Bocksai de Transilvania. Está hecha de oro incrustado de rubíes, esmeraldas, turquesas y perlas.

ROCAS Y ARTE MODERNO
Muchos escultores utilizan metales para fabricar esculturas modernas. Este escultor está puliendo una escultura de bronce (una aleación de cobre y estaño).

PINTAR CON ROCAS
Los indios navajos de América del Norte utilizaban el polvo extraído de las rocas para pintar. Primero, teñían la arena utilizando tintes fabricados con rocas, minerales, plantas y cenizas. Y después dejaban caer con sumo cuidado la arena sobre la tierra para crear figuras. Los navajos utilizaban esta técnica en las ceremonias curativas. Después de la ceremonia, destruían la obra.

La máscara es de oro macizo.

LA MÁSCARA DE TUTANKAMON
Esta espectacular máscara mortuoria se modeló para Tutankamon, un rey egipcio, o faraón. Empezó su reinado en 1361 a.C., con sólo nueve años, y murió misteriosamente cuando tenía 18. Sus súbditos momificaron su cuerpo, le colocaron esta máscara sobre cabeza y hombros, y depositaron su cuerpo en el interior de una tumba que permaneció sellada hasta 1922, cuando fue descubierta por el arqueólogo Howard Carter.

Los egipcios no tenían suficiente lapislázuli para colorear las tiras de la toca, por lo que utilizaron vidrio azul.

El collar tiene incrustaciones de lapislázuli, cuarzo y feldespato verde.

Vocabulario

Las gemas se miden en **quilates**. La palabra «quilate» proviene del término griego *keration*, que significa «algarroba». Antiguamente las gemas se pesaban utilizando algarrobas como medida de peso. Un quilate equivale aproximadamente a una algarroba: 0,2 g.

¡Increíble!

• Las pinturas rupestres halladas en Namibia (África) podrían ser las más antiguas del mundo. Tienen 27.500 años.
• En Egipto había cientos de tumbas reales como la de Tutankamon, pero casi todas ellas eran profanadas durante los primeros 10 años después de sellarlas.

Conexiones

• Antes de tallarlas, las piedras preciosas se tienen que pulir. Lee cómo se pule una gema en la página 37.
• Las gemas son cristales de minerales. Descúbrelos en las páginas 28-29.
• El oro es un metal precioso nativo. Echa un vistazo a dos pepitas de oro gigantes en las páginas 32-33.

EN DETALLE
Todo en un día de trabajo

Lazare Kaplan, tallador de gemas, sostenía entre sus dedos el diamante Jonker, una piedra de 726 quilates descubierta en 1934 por Jacobus Jonker en Sudáfrica. Dos años después, los dueños contrataron a Kaplan para que cortara el diamante en otros más pequeños. Lazare grabó un surco en la piedra. El sudor le caía por la frente. Si partía la piedra por un lugar inadecuado, podría hacerse añicos. Colocó una regla de acero sobre el surco y le dio un golpe seco. ¡CRAC! El diamante se partió justo por la mitad. Lazare respiró aliviado. Acabó cortando el diamante en 12 fragmentos, uno de los cuales fue vendido por un millón de dólares.

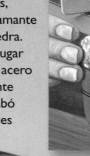

Los ojos son de cuarzo y obsidiana, y las cejas y pestañas son de lapislázuli.

JUEGOS DE LUCES

Los talladores de gemas hacen que las piedras reluzcan. Realizan múltiples cortes angulados, o facetas, en su superficie. La luz penetra por cada faceta y rebota en el interior antes de salir. Mostramos varios diagramas de tallas habituales (izquierda) con ejemplos de gemas talladas (derecha).

Talla sello

Talla esmeralda

Talla brillante redonda

Talla brillante en pera

Talla brillante en corazón

Cabujón (pulido homogéneamente, sin cortes)

Microscopio de geólogo

Mapa geológico y brújula

Las claves de las rocas

CUANDO EL HOMBRE TOMÓ CONCIENCIA del valor de las rocas, se empezó a formular preguntas. ¿De dónde proceden? ¿Crecen? Pero sus respuestas no siempre fueron correctas. El filósofo griego Aristóteles creía que los minerales se formaban a partir de vapores procedentes del interior de la Tierra. Y hace sólo 200 años, los científicos creían que el mundo tenía sólo 6.000 años de antigüedad.

Hoy en día, las personas que estudian las rocas se llaman geólogos. Analizan el mundo en busca de claves sobre el pasado de la Tierra. Puesto que las rocas cambian gradual pero constantemente, muchas de las pruebas del pasado han desaparecido. Pero los geólogos utilizan técnicas modernas para recuperar lo que queda. Perforan los fondos marinos y analizan sedimentos de épocas antiguas. Estudian los terremotos para saber qué es lo que pasa bajo tierra. Utilizan microscopios para examinar minerales y fósiles. Y construyen modelos informáticos para simular procesos geológicos.

Hoy sabemos que la Tierra se formó hace alrededor de unos 4.800 millones de años. Tenemos una idea bastante precisa sobre cómo se formó y por qué sigue cambiando. Y, gracias a un intrépido geólogo, hasta sabemos cosas sobre la geología de nuestro vecino más cercano, la Luna.

UNA VISIÓN DE CONJUNTO
Ajustando bien la gama cromática de una imagen fotografiada desde un satélite, los científicos pueden localizar distintos tipos de rocas. Esta imagen muestra parte de la cordillera del Himalaya, en el Tibet (China). La mayoría de las rocas son graníticas (marrón anaranjado). Las zonas azuladas son rocas sedimentarias.

EN DETALLE

El primer geólogo en la Luna

El 11 de diciembre de 1972 el geólogo Harrison «Jack» Schmitt pisó la rugosa superficie de la Luna. Como integrante de la expedición Apolo 17, Jack fue el primer geólogo en viajar a la Luna. También iba a ser el último, por lo que sabía que su labor tenía un significado muy especial. Como diría más tarde, la Luna es «un paraíso para un geólogo». Recogió muchas muestras de rocas. Los científicos aprendieron muchas cosas estudiándolas. Descubrieron que en la Luna se habían producido erupciones volcánicas, terremotos e impactos de asteroides. La visita de Jack fue muy fructífera.

GEÓLOGOS EN ACCIÓN
Donde haya preguntas geológicas encontrarás científicos buscando respuestas. Su curiosidad les puede llevar a las cimas de las montañas y a las profundidades de las cuevas. Estos geólogos tienen que soportar temperaturas extremas para estudiar una chimenea volcánica en Hawai (EE UU).

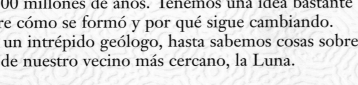

CARTOGRAFIANDO EL FONDO DEL MAR
En las profundidades del océano hay cordilleras, cañones y planicies. Los científicos utilizan diversos instrumentos y técnicas para estudiar estas formaciones submarinas.

Analizando el tiempo que tardan las ondas en rebotar desde el fondo del mar, los científicos estiman la profundidad de los valles y la altura de las montañas.

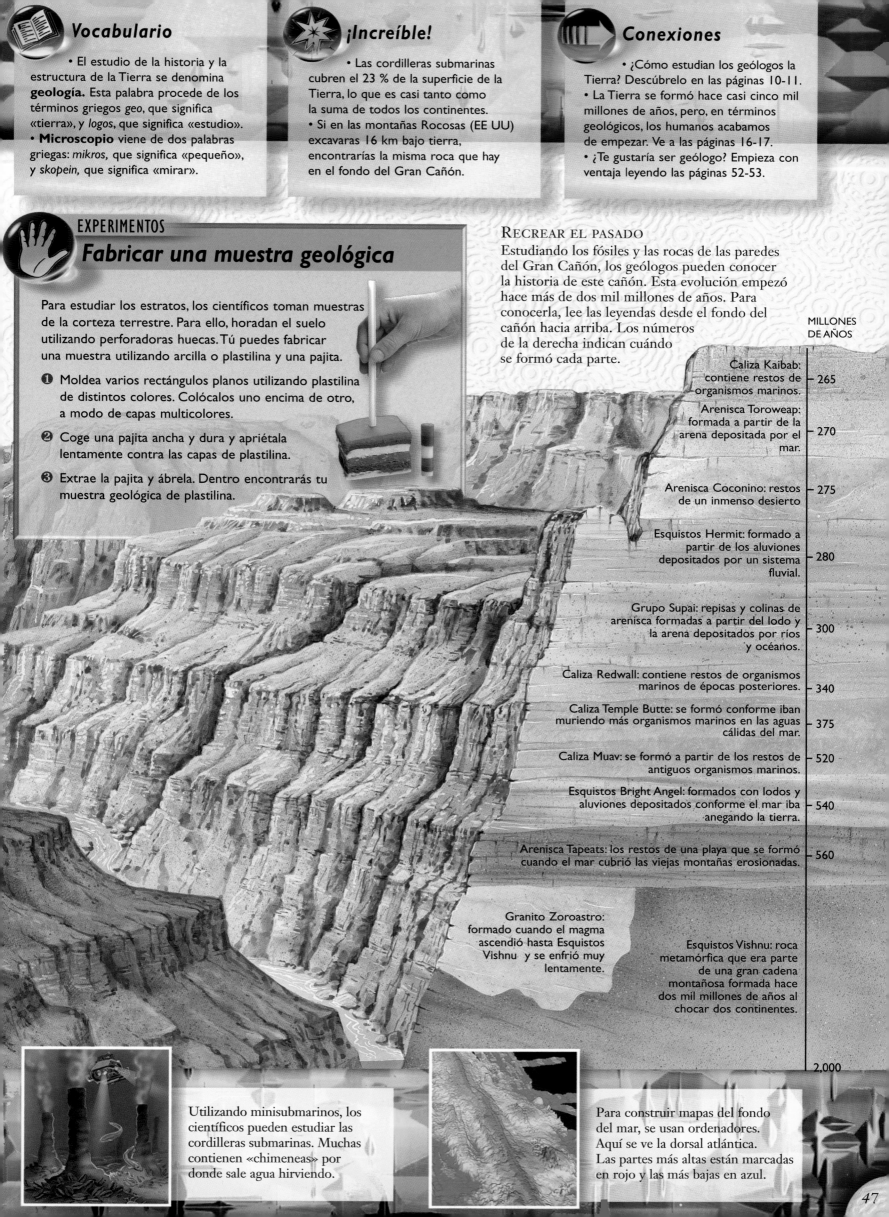

Vocabulario

• El estudio de la historia y la estructura de la Tierra se denomina **geología.** Esta palabra procede de los términos griegos *geo*, que significa «tierra», y *logos*, que significa «estudio».
• **Microscopio** viene de dos palabras griegas: *mikros,* que significa «pequeño», y *skopein,* que significa «mirar».

¡Increíble!

• Las cordilleras submarinas cubren el 23 % de la superficie de la Tierra, lo que es casi tanto como la suma de todos los continentes.
• Si en las montañas Rocosas (EE UU) excavaras 16 km bajo tierra, encontrarías la misma roca que hay en el fondo del Gran Cañón.

Conexiones

• ¿Cómo estudian los geólogos la Tierra? Descúbrelo en las páginas 10-11.
• La Tierra se formó hace casi cinco mil millones de años, pero, en términos geológicos, los humanos acabamos de empezar. Ve a las páginas 16-17.
• ¿Te gustaría ser geólogo? Empieza con ventaja leyendo las páginas 52-53.

EXPERIMENTOS
Fabricar una muestra geológica

Para estudiar los estratos, los científicos toman muestras de la corteza terrestre. Para ello, horadan el suelo utilizando perforadoras huecas. Tú puedes fabricar una muestra utilizando arcilla o plastilina y una pajita.

❶ Moldea varios rectángulos planos utilizando plastilina de distintos colores. Colócalos uno encima de otro, a modo de capas multicolores.

❷ Coge una pajita ancha y dura y apriétala lentamente contra las capas de plastilina.

❸ Extrae la pajita y ábrela. Dentro encontrarás tu muestra geológica de plastilina.

RECREAR EL PASADO

Estudiando los fósiles y las rocas de las paredes del Gran Cañón, los geólogos pueden conocer la historia de este cañón. Esta evolución empezó hace más de dos mil millones de años. Para conocerla, lee las leyendas desde el fondo del cañón hacia arriba. Los números de la derecha indican cuándo se formó cada parte.

MILLONES DE AÑOS

Caliza Kaibab: contiene restos de organismos marinos — 265

Arenisca Toroweap: formada a partir de la arena depositada por el mar. — 270

Arenisca Coconino: restos de un inmenso desierto — 275

Esquistos Hermit: formado a partir de los aluviones depositados por un sistema fluvial. — 280

Grupo Supai: repisas y colinas de arenisca formadas a partir del lodo y la arena depositados por ríos y océanos. — 300

Caliza Redwall: contiene restos de organismos marinos de épocas posteriores. — 340

Caliza Temple Butte: se formó conforme iban muriendo más organismos marinos en las aguas cálidas del mar. — 375

Caliza Muav: se formó a partir de los restos de antiguos organismos marinos. — 520

Esquistos Bright Angel: formados con lodos y aluviones depositados conforme el mar iba anegando la tierra. — 540

Arenisca Tapeats: los restos de una playa que se formó cuando el mar cubrió las viejas montañas erosionadas. — 560

Granito Zoroastro: formado cuando el magma ascendió hasta Esquistos Vishnu y se enfrió muy lentamente.

Esquistos Vishnu: roca metamórfica que era parte de una gran cadena montañosa formada hace dos mil millones de años al chocar dos continentes.

— 2,000

Utilizando minisubmarinos, los científicos pueden estudiar las cordilleras submarinas. Muchas contienen «chimeneas» por donde sale agua hirviendo.

Para construir mapas del fondo del mar, se usan ordenadores. Aquí se ve la dorsal atlántica. Las partes más altas están marcadas en rojo y las más bajas en azul.

Rocas para quemar

LAS ROCAS SON el combustible del mundo. El carbón, el petróleo, el gas y otras fuentes de energía yacen bajo capas de rocas sedimentarias. Gracias a estos combustibles, puedes viajar en coche, coger un avión y poner la calefacción.

Uno de los combustibles más utilizados es el carbón, formado por restos de antiguas plantas pantanosas. Cuando las plantas se descomponen en el lodo, se transforman en turba. A veces se forman rocas sedimentarias sobre la turba, comprimiéndola con su peso. La turba comprimida se transforma en una roca de color marrón oscuro llamada lignito. Conforme se va comprimiendo el lignito, éste se transforma en carbón bituminoso. En condiciones de presión extrema, el carbón bituminoso se transforma en antracita. Cuanto más se comprime el carbón, más se endurece y más energía libera cuando se quema.

Lamentablemente, nuestras reservas de carbón, petróleo y gas se están agotando. Por este motivo, el hombre está buscando otras fuentes de energía. Una de ellas, la energía nuclear, se extrae de las rocas ricas en uranio. El uranio es un elemento pesado de átomos grandes. Estos átomos, al fragmentarse, liberan energía, que se transforma en electricidad en las centrales nucleares.

ALGO FLOTA EN EL AIRE

Cuando se quema petróleo, carbón o gas, se genera un tipo de contaminación denominada smog, mezcla de polvo, humo y gases que dificulta la respiración a algunas personas.

MINERÍA MODERNA

Durante siglos, el hombre ha descendido bajo tierra para obtener carbón. Hoy en día las máquinas hacen la mayor parte del trabajo. El método, conocido como minería continua, es el que se utiliza en la mayoría de las minas de carbón actuales.

Para llegar al carbón, los mineros utilizan la vía de descenso. Los ventiladores suministran aire.

Los mineros excavan túneles en la roca. Utilizan pilares metálicos para sostener el techo.

Los mineros acceden al carbón utilizando un ascensor metálico denominado jaula.

BAJO EL MAR

El petróleo y el gas se forman cuando los restos descompuestos de organismos marinos se comprimen entre estratos de rocas.

Diversos microorganismos mueren y se depositan en el fondo del mar. Durante millones de años, capas de lodo y aluviones los cubren y los transforman en rocas sedimentarias.

Los estratos se siguen apilando sobre los restos de organismos marinos. Conforme aumenta la presión de los estratos, estos organismos se van transformando en petróleo y gas.

• La palabra **petróleo** proviene de los términos latinos *petro*, que significa «piedra», y *oleum,* que significa «aceite».
• El **uranio** debe su nombre al dios griego de los cielos, Urano.

• En el monte Wingen, situado en Autralia sudoriental, hay una veta subterránea de carbón que lleva ardiendo 5.000 años. Continuamente sale humo de la montaña. El nombre «Wingen» proviene de una palabra aborigen que significa «fuego».

• El carbón es un tipo de roca sedimentaria. Para descubrir más cosas sobre estas rocas, lee las páginas 20-21.
• ¿Sabías que el carbón y los diamantes están hechos de un material llamado carbono? Para conocer más cosas de los diamantes, ve a las páginas 34-35.

Por la vía de ascenso sube el carbón. Ventiladores colocados en la parte superior aspiran el aire viciado hacia el exterior.

El carbón se carga en carretillas para su transporte.

🔍 EN DETALLE
El niño «rompedor»

Me llamo Paul. Trabajo en una mina de carbón en Scranton, Pennsylvania (EE UU). Mi trabajo consiste en separar el carbón del esquisto con un martillo. Por eso me llaman «niño rompedor». Trabajo de sol a sol. El carbón es sucio. Un polvo negro me cubre la piel y me entra por la boca y la nariz. Mi jefe me ha dicho que el carbón que extraemos se utiliza como combustible de las máquinas de vapor. Creo que esto da importancia a mi trabajo. Pero me muero por ser minero. Los mineros compran explosivos y vuelan rocas en busca de más carbón. Tal vez me asciendan pronto, cuando cumpla 11 años. Será el 6 de mayo de 1894.

El carbón se transporta a la superficie en un enorme contenedor metálico.

Los fragmentos de carbón caen sobre una cinta transportadora que los lleva a la vía de ascenso.

Una máquina, llamada cortadora, rompe el carbón con su afilada rueda dentada.

COMBUSTIBLE EN ALTA MAR
Desde las plataformas petrolíferas se exploran los sedimentos del océano en busca de gas y petróleo. Desde una plataforma se pueden perforar hasta 50 pozos distintos y recoger millones de barriles de petróleo cada día. La mayoría de plataformas se utilizan durante unos 25 años.

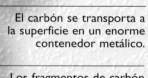

El petróleo y el gas ascienden a través de los estratos. Atraviesa rocas porosas, como la arenisca, pero su paso queda bloqueado por las rocas no porosas, como el esquisto.

En condiciones adecuadas, el petróleo y el gas se concentran bajo rocas impermeables, con el gas en la parte superior. El hombre taladra estas rocas para extraer los combustibles.

Pedazos de rocas antiguas

DURANTE LOS ÚLTIMOS AÑOS los hallazgos de los geólogos y los avances tecnológicos han permitido dar nuevos usos a las rocas y minerales. Por ejemplo, a principios de la década de 1880, dos hermanos descubrieron que el cuarzo produce corriente eléctrica cuando se comprime. Hoy en día, los relojes de cuarzo utilizan esta propiedad para medir el tiempo. El cuarzo también es la materia prima del silicio, una sustancia que favorece el paso de la energía a través de los instrumentos electrónicos. Sin el silicio, no podrías usar el ordenador, el teléfono, el televisor o el equipo de música.

La tecnología moderna también ha creado materiales superresistentes. Combinando fibras de carbono con una resina plástica, los científicos fabrican un material resistente y flexible llamado grafito. Los fabricantes utilizan este material en multitud de artículos, desde las raquetas de tenis hasta los esquís y las cañas de pescar. Los científicos también han aprendido a utilizar el petróleo para producir otras fibras sintéticas, plásticos, pinturas y combustibles.

Las rocas y los minerales han ayudado al ser humano a viajar al espacio exterior. El titanio se mezcla con otros metales para producir materiales resistentes y ligeros que no se oxidan, lo que resulta ideal para construir naves espaciales.

CONSERVAR EL FRÍO
Las placas de sílice mantienen fría la superficie del transbordador espacial cuando vuelve a entrar en la atmósfera terrestre. Estas placas aíslan tan bien el calor que puedes coger una por los bordes sin quemarte aunque el interior esté a 1.260 ºC.

Las puertas de la nave de carga están fabricadas con una mezcla de carbono, grafito y fibra de vidrio que es un 23 % más ligera que el aluminio.

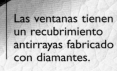

EN DETALLE

Una fuerte compresión

En 1880, dos científicos, los hermanos Jacques y Pierre Curie, hicieron un experimento. Con una sierra especial, cortaron una lámina fina de cuarzo. Después pegaron una hoja de estaño a cada lado de la lámina. Y luego utilizaron una máquina para comprimir el estaño contra el cuarzo. La compresión creó un flujo de cargas eléctricas en el cuarzo. A los hermanos les encantó el resultado. Hacia 1920, los científicos se dieron cuenta de que este fenómeno, conocido como piezoelectricidad, se podía utilizar para medir el tiempo. Hoy casi todos los relojes funcionan con diminutos y vibrantes cristales de cuarzo.

Los protectores de kevlar de las ventanas cubiertos con cinta de plata protegen a los astronautas de la luz solar.

El cono anterior estáa reforzado con carbono para resistir el intenso calor.

Las ventanas tienen un recubrimiento antirrayas fabricado con diamantes.

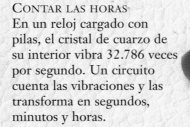

CONTAR LAS HORAS
En un reloj cargado con pilas, el cristal de cuarzo de su interior vibra 32.786 veces por segundo. Un circuito cuenta las vibraciones y las transforma en segundos, minutos y horas.

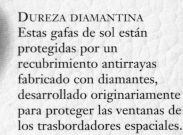

DUREZA DIAMANTINA
Estas gafas de sol están protegidas por un recubrimiento antirrayas fabricado con diamantes, desarrollado originariamente para proteger las ventanas de los trasbordadores espaciales.

Vocabulario

- El **grafito** se utiliza para fabricar lápices. Esta palabra proviene del término griego *graphein*, que significa «escribir o dibujar».
- **Piezoelectricidad** proviene del griego *piezein*, y significa «comprimir».
- El **titanio** debe su nombre al dios griego Titán, temido por su gran fuerza y tamaño.

¡Increíble!

- Un chip de silicio del tamaño de un botón puede contener cientos de miles de componentes eléctricos.
- El 95 % del titanio que se extrae de las minas en la actualidad se utiliza para fabricar un pigmento blanco que hace que el papel, la pintura y los plásticos sean de un blanco reluciente.

Conexiones

- El cuarzo se encuentra en muchas rocas. Aprende más cosas sobre el cuarzo en las páginas 54-55.
- Los diamantes se forman en las profundidades de la corteza terrestre. Si quieres saber cómo ascienden a la superficie, consulta las páginas 34-35.

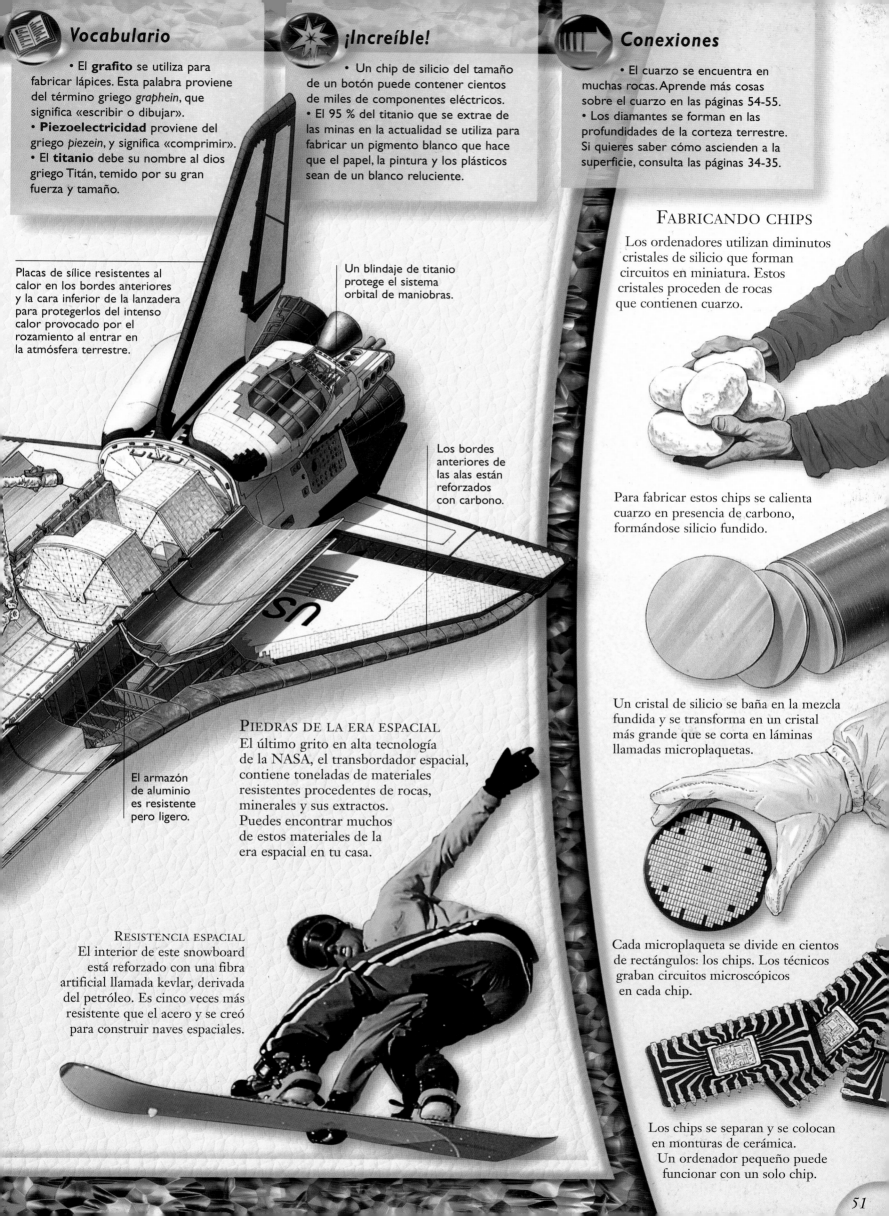

Placas de sílice resistentes al calor en los bordes anteriores y la cara inferior de la lanzadera para protegerlos del intenso calor provocado por el rozamiento al entrar en la atmósfera terrestre.

Un blindaje de titanio protege el sistema orbital de maniobras.

Los bordes anteriores de las alas están reforzados con carbono.

El armazón de aluminio es resistente pero ligero.

PIEDRAS DE LA ERA ESPACIAL
El último grito en alta tecnología de la NASA, el transbordador espacial, contiene toneladas de materiales resistentes procedentes de rocas, minerales y sus extractos. Puedes encontrar muchos de estos materiales de la era espacial en tu casa.

RESISTENCIA ESPACIAL
El interior de este snowboard está reforzado con una fibra artificial llamada kevlar, derivada del petróleo. Es cinco veces más resistente que el acero y se creó para construir naves espaciales.

FABRICANDO CHIPS
Los ordenadores utilizan diminutos cristales de silicio que forman circuitos en miniatura. Estos cristales proceden de rocas que contienen cuarzo.

Para fabricar estos chips se calienta cuarzo en presencia de carbono, formándose silicio fundido.

Un cristal de silicio se baña en la mezcla fundida y se transforma en un cristal más grande que se corta en láminas llamadas microplaquetas.

Cada microplaqueta se divide en cientos de rectángulos: los chips. Los técnicos graban circuitos microscópicos en cada chip.

Los chips se separan y se colocan en monturas de cerámica. Un ordenador pequeño puede funcionar con un solo chip.

Lupa   *Cepillos*   *Alicates*

Buscar rocas

PUEDES RECOGER y estudiar rocas como hacen los expertos. Empezar es fácil, y apenas se requiere equipo. Consigue un martillo, una bolsa para recoger muestras, un bloc de notas, un bolígrafo, unas gafas de protección, unos alicates, varios periódicos y una guía de campo sobre rocas y minerales. Con esto, estarás listo para salir.

Puedes buscar rocas y minerales prácticamente en cualquier sitio. Puedes empezar en las márgenes de los ríos o cerca de los afloramientos rocosos. Es más seguro, y suele ser más divertido, ir a buscar rocas con un amigo. Pide permiso antes de buscar rocas en una propiedad privada. Una vez allí, compórtate como un invitado. Llévate solamente aquellas piedras que mejorarán tu colección. Sé un buscador de rocas, no un acaparador de rocas.

Cuando encuentres una roca que te guste, anota su ubicación, la fecha y quién la encontró. Puedes eliminar las partes que no te interesen con el martillo o los alicates, pero no olvides protegerte los ojos con unas gafas. Envuelve la muestra con papel de periódico e introdúcela en la bolsa. Una vez en casa, limpia y numera las rocas. Seguidamente traslada la información de tus hallazgos a fichas. Ahora tu colección de rocas está lista para ser expuesta.

UNA MIRADA MÁS CERCANA
Puedes utilizar una lupa para ver una roca más de cerca. ¿Es rugosa o lisa? ¿Puedes identificar los minerales que contiene?

Anota los detalles en una ficha. Escribe dónde y cuándo lo encontraste.

Un conjunto de estantes puede ser una excelente vitrina para exponer tus rocas y minerales.

EXPERIMENTOS

Construye un expositor

Puedes construir un expositor para tus rocas y minerales con una huevera, colocando una bola de algodón en cada compartimiento. Este tipo de caja es ideal para exponer especímenes pequeños y es muy práctica para transportar las piedras de un sitio a otro.

Para muestras mayores, consigue una caja de cartón grande y poco profunda. Puedes hacer compartimientos con cajitas o bien con tiras de cartón duro. Sólo tendrás que cortar unas tiras de cartón de la longitud y anchura de la caja, y después hacerles pequeñas muescas para que encajen entre sí.

PREPARAR LOS ESPECÍMENES
Una vez que hayas regresado a casa con tus especímenes, desenvuélvelos con cuidado y prepáralos como se indica a continuación.

Primero limpia bien la piedra utilizando un cepillo de dientes u otro cepillo blando. Si se trata de un espécimen delicado, sáltate este paso.

Vocabulario

• Las rocas y minerales que se recogen en el campo se denominan **especímenes**. Ésta palabra proviene del término latino *specere*, que significa «mirar».

• **Museo**, lugar donde se guardan colecciones científicas colocadas para que sean examinadas, proviene de la palabra griega *mouseion*, que significa «lugar de estudio».

¡Increíble!

• El hombre empezó a recoger rocas hace 2,3 millones de años, cuando nuestros ancestros empezaron a utilizar las rocas como herramientas.

• El Museo de Historia Natural de Londres posee una de las mayores colecciones de piedras del mundo, con 350.000 minerales y 100.000 rocas.

Conexiones

• Aprende a identificar rocas y minerales en las páginas 54-55.

• ¿Qué diferencia hay entre una roca y un mineral? Lee las páginas 28-29.

• En las páginas 56-57 encontrarás más consejos sobre dónde buscar rocas.

• En las páginas 58-59 encontrarás más consejos para buscar rocas en la playa.

PREPARAR UNA EXPOSICIÓN

Puedes organizar tu colección como hacen los museos. Primero utiliza una guía de campo para identificar y catalogar tus piedras. Después ordénalas en grupos. Puedes hacerlo en función del lugar donde las encontraste o clasificándolas en magmáticas, sedimentarias y metamórficas. Guarda los especímenes frágiles dentro de cajas o cajones. Pero no escondas tus rocas. Te costó mucho encontrarlas, así que muéstralas con orgullo.

Estudia con atención cada piedra con una lupa. Compara tu ejemplar con las fotografías de la guía de campo.

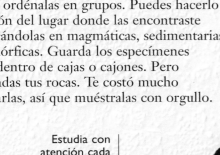

EN DETALLE

Un coleccionista extraordinario

Albert Chapman, buscador aficionado de rocas y minerales, consiguió tener una de las mejores colecciones privadas del mundo. Siendo niño, Albert empezó a recoger minerales en el puerto que había cerca de su casa. Más adelante viajó por todo el país en busca de especímenes únicos. A Albert le gustaba visitar minas, donde solía comprar rocas a los mineros. Intercambió rocas con geólogos, museos y otros coleccionistas, pero sus favoritas eran las rocas que había encontrado él. «Los especímenes que encuentra uno mismo son los que más te emocionan», decía. «Me gusta la forma en que salen de la tierra —explicaba—, me gustan sus formas y colores.» Albert murió en 1996, pero su magnífica colección está expuesta en el Museo Australiano de Sydney.

APRENDER DE LOS EXPERTOS

Puedes aprender más cosas sobre la geología de tu zona visitando un museo local. Los museos suelen tener enormes vitrinas llenas de rocas y minerales interesantes. Tal vez reconozcas algunos de los que tienes en tu colección. Otros tal vez sean especímenes únicos o procedan de otros países.

Protege las rocas y minerales frágiles guardándolos en un cajón.

Divide el cajón en compartimientos utilizando tiras de cartón o coloca cada muestra en una cajita.

Seguidamente pinta con cuidado un círculo blanco en la base de la piedra utilizando pintura blanca o líquido corrector. Espera a que se seque.

Anota un número en el círculo blanco. Escribe el número en una ficha y anota en ella detalles importantes sobre el espécimen y dónde lo encontraste.

Raya de lapislázuli sobre una baldosa no vidriada

Raya de hematites sobre una baldosa no vidriada

Raya de malaquita sobre una baldosa no vidriada

Da nombre a esa roca

AL IGUAL QUE LAS PERSONAS, las rocas y minerales poseen ciertos rasgos que permiten distinguirlos entre sí. Puedes identificar un mineral examinando su brillo, densidad y dureza. Los colores, texturas y tipos de minerales que contiene una roca pueden ayudarte a saber cómo se formó.

Cuando encuentres una roca interesante, obsérvala detenidamente. ¿Contiene un solo mineral o varios? Existen más de 600 tipos básicos de rocas, por lo que deberías reducir el abanico de posibilidades. Intenta averiguar de qué tipo de roca se trata: sedimentaria, magmática o metamórfica. Algunas pistas, como la forma, el tamaño, y la alineación y distribución de los cristales, te ayudarán. Por ejemplo, los cristales de los minerales que componen la mayoría de rocas magmáticas intrusivas son de tamaño mediano a grande, pudiéndose ver a simple vista.

Si la roca tiene cristales grandes, es posible identificar los minerales. Unas pruebas simples te ayudarán. Así, los cristales de cuarzo y calcita tienen un aspecto similar, pero el cuarzo es más duro y rayaría la calcita si frotáramos uno contra otro. Compara tus observaciones y los resultados de las pruebas que hagas con tu guía de campo. Con un poco de práctica, aprenderás a dar nombres a las caras de los minerales.

IDENTIFICAR ROCAS

Para identificar una roca tendrás que estudiarla atentamente. ¿Pesa mucho teniendo en cuenta su tamaño? ¿De qué color es? ¿Presenta algún detalle destacable como cristales grandes, bandas de colores o cúmulos de guijarros? Todos estos rasgos te ayudarán a dar el primer paso en la identificación: saber si se trata de una roca sedimentaria, magmática o metamórfica.

Esta roca sedimentaria se llama conglomerado. Consta de cantos de cuarzo lechoso con granos de arena, partículas arcillosas y óxido de hierro.

Cuarzo lechoso

Conglomerado

ROCA SEDIMENTARIA
Las rocas sedimentarias pueden constar de varios estratos diferenciados compuestos por granos de distintos tamaños o verse como una amalgama desordenada. No suelen brillar y raramente contienen cristales bien definidos.

ROCAS MAGMÁTICAS
Las rocas magmáticas pueden tener cristales grandes y bien definidos, parecer lisas y vidriosas, o estar entre ambos extremos. Generalmente suelen tener una textura uniforme y colores homogéneos.

Granito

Feldespato

Cuarzo

En este trozo de granito se pueden distinguir los cristales de cuarzo, feldespato y mica. Otras rocas magmáticas, como el basalto, contienen cristales pequeños que sólo se pueden ver con lupa.

Mica

- La **escala de Mohs** de dureza de los minerales (1822) debe su nombre a un especialista en minerales alemán llamado Friedrich Mohs.
- El **apatito** suele crear confusión entre los buscadores de minerales porque a menudo se parece a otros minerales, como la aguamarina, el olivino, y la fluorita. «Apatito» viene del griego *apate*, que significa «engaño».

- Aunque el diamante es el mineral más duro que hay sobre la Tierra, sigue siendo frágil. Si lo golpeas con un martillo puedes hacerlo añicos. Muchos diamantes se han destruido accidentalmente de este modo.
- Un mineral que abunda mucho llamado calcita es el maestro de los disfraces. Puede cristalizar en más de 300 formas diferentes.

- Aprende los orígenes de las rocas magmáticas en las páginas 18-19.
- Puedes fabricar tus propios estratos sedimentarios. Consulta la página 20.
- Averigua cómo se crean las rocas metamórficas en las páginas 22-23.
- El hábito de un mineral es una pista para identificarlo. Lee las páginas 28-29.

El gneis tiene una estructura rugosa y capas plegadas de minerales claros y oscuros. A veces se parece al granito, pero suele contener capas de cristales en lugar de cristales dispersos.

Feldespato

Gneis en bandas

ROCA METAMÓRFICA
Muchas rocas metamórficas contienen bandas de minerales claros y oscuros que parecen hojaldre. Esto se llama esquistosidad. Otras rocas metamórficas tienen colores más homogéneos y están compuestas por cristales pequeños entrelazados.

Cuarzo

Biotita

LA ESCALA DE MOHS

La escala de dureza de Mohs utiliza 10 minerales para determinar la dureza de otros minerales. Si frotas un trozo de cuarzo contra un mineral desconocido y el cuarzo lo raya, sabrás que el mineral es más blando que el cuarzo. También puedes utilizar los elementos de la derecha para evaluar la dureza siguiendo el mismo procedimiento.

1. TALCO

2. YESO

2.5. Uña

3. CALCITA

3.5. Moneda de cobre

4. FLUORITA

5. APATITO

5.5. Vidrio

6. ORTOSA (UN TIPO DE FELDESPATO)

6.5. Cuchillo de acero

7. CUARZO

8. TOPACIO

8.5. Muela de esmeril

9. CORINDÓN

10. DIAMANTE

EXPERIMENTOS

En qué te debes fijar

Si encuentras un mineral, podrás identificarlo siguiendo estos pasos:

❶ Haz anotaciones sobre el aspecto del mineral. ¿De qué color es? ¿Es transparente (puedes ver a través de él) u opaco (no puedes)? ¿Es brillante o mate? ¿Qué hábito (forma) tiene?

❷ Frota el mineral contra una pieza de porcelana blanca no vidriada (la parte posterior de una baldosa de cerámica servirá). Esto se conoce como la prueba de la raya. ¿De qué color es la raya que deja el mineral?

❸ Sopesa manualmente el mineral o utiliza una balanza. Algunos minerales pesan mucho más que otros del mismo tamaño. Por ejemplo, el azufre es ligero, pero la pirita pesa bastante más.

❹ Utiliza la información de la columna de la derecha para averiguar la dureza. ¿Cuál es la dureza de tu mineral?

Para identificar el mineral, compara los resultados de tus observaciones con la información sobre brillo y color, peso, prueba de la raya y dureza de una buena guía de campo.

Azufre

Pirita

Casco y gafas
de protección

Bolsa para
transportar muestras

Martillo
y cinceles

Una excursión a la montaña

LAS ROCAS ABUNDAN en las colinas y montañas. En estos lugares encontrarás formaciones naturales como picos dentados, paredes escarpadas y profundos valles fluviales. También encontrarás accidentes creados por el hombre, como los cortes del terreno en la construcción de carreteras, que descubren rocas y minerales interesantes. Estos cortes son una magnífica oportunidad para estudiar rocas. Aparecen cuando se trabaja la ladera de una montaña para hacer más espacio a una carretera. Si el corte está recién hecho, podrás ver rocas todavía no cubiertas por las plantas ni alteradas por los elementos. Podrás ver las capas de rocas sedimentarias con sus colores y sus minerales. Si el corte afecta a rocas magmáticas o metamórficas, quizá veas vetas de minerales o cristales grandes y bien formados.

Las formaciones elevadas son lugares privilegiados para encontrar rocas. Los ríos y riachuelos horadan el terreno, arrastrando rocas y minerales; podrás encontrar especímenes excelentes en sus riberas. La erosión y la elevación tectónica pueden poner al descubierto rocas todavía ancladas en la tierra. Estas formaciones se llaman afloramientos. Generalmente estas rocas contienen minerales resistentes, una buena pieza para cualquier colección.

VENTANAS ABIERTAS AL PASADO
Los cortes del terreno ponen al descubierto estratos de rocas. Este corte muestra claramenente dos fallas en los estratos de rocas sedimentarias. Las fallas están provocadas por movimientos de la corteza terrestre.

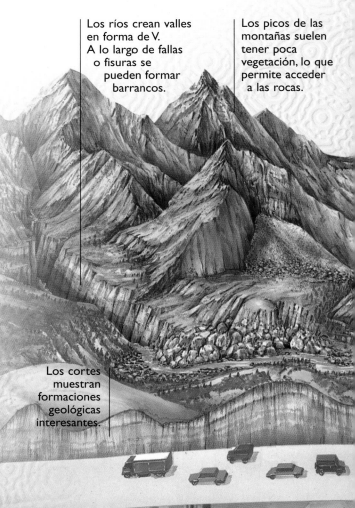

Los ríos crean valles en forma de V. A lo largo de fallas o fisuras se pueden formar barrancos.

Los picos de las montañas suelen tener poca vegetación, lo que permite acceder a las rocas.

Los cortes muestran formaciones geológicas interesantes.

EXPERIMENTOS

Notas de campo

En las salidas de campo, lleva siempre contigo un bloc de notas para dejar constancia de tus observaciones y descubrimientos. Elige uno de tapas duras, preferiblemente impermeables.

Cada vez que encuentres alguna formación geológica interesante, haz un mapa esquemático de su localización. Después, haz un bosquejo de lo que ves. Por ejemplo, si has seleccionado un corte transversal, dibuja las capas de rocas, las fallas y las diaclasas. Si eres capaz de identificar las capas, anota sus nombres. También puedes sacar fotografías de formaciones geológicas. Tu cuaderno de notas te proporcionará un registro fascinante de la geología de tu área.

ROCAS CON ARRUGAS
En tus salidas de campo busca este tipo de formaciones. Son señales de episodios importantes en la historia de un paisaje. Las ilustraciones te indican cómo reconocer cada rasgo y qué buscar cuando lo encuentres.

Un pliegue es una curva en los estratos de rocas formada a consecuencia de la presión ejercida por los movimientos de placas. Si los estratos se doblan hacia arriba, se llama anticlinal; si se doblan hacia abajo, sinclinal. Las grietas en las rocas se llaman diaclasas.

Estratos de rocas plegados

Diaclasas

Vocabulario

• La palabra **topografía** viene del griego *topos*, que significa «lugar», y *graphein,* que significa «escribir».
• Un drumlin es una colina de forma oval creada por un glaciar. El nombre proviene de la palabra irlandesa *druim,* que significa «espalda» o «cresta».
• Un esker es una colina larga y estrecha creada por un glaciar. El nombre proviene de la palabra irlandesa *escir,* que significa «cresta».

¡Increíble!

• Durante la última glaciación, un glaciar excavó un valle de 610 m de profundidad en las Rocosas (EE UU).
• ¡El pequeño estado de San Marino (Italia) está puesto del revés! Los científicos han averiguado que unos movimientos de placas invirtieron los estratos de rocas que sustentan el país.

Conexiones

• Los glaciares son ríos de hielo gigantescos. Lee las páginas 14-15.
• Los cortes transversales ponen al descubierto estratos que pueden contener fósiles. Ve a las páginas 60-61.
• El hombre ha encontrado oro y plata en lechos fluviales. Aprende más cosas al respecto en las páginas 32-33.

EN DETALLE

Capas de historia

Estudiando las rocas puestas al descubierto por los cortes y perforaciones practicados por el hombre, William Smith se convirtió en el primer científico que entendió el significado de los estratos. Smith trabajaba en Inglaterra haciendo prospecciones mineras en la década de 1790. Al examinar las minas de carbón y las riberas de los ríos, se dio cuenta de que contenían capas de rocas similares. Al comparar los fósiles contenidos en las distintas capas, descubrió que las rocas siempre aparecían en el mismo orden. Concluyó correctamente que los estratos se habían ido depositando uno encima de otro, de modo que las rocas más antiguas se encontraban más abajo y las más recientes más arriba. Los hallazgos de Smith le permitieron crear el primer mapa geológico de Inglaterra.

UNA PROSPECCIÓN GEOLÓGICA

Desde la cima de una montaña puedes inspeccionar los alrededores en busca de lugares adecuados para encontrar rocas. Busca cortes transversales asociados a la construcción de vías o carreteras. Busca ríos que transportan rocas y guijarros. Inspecciona el paisaje en busca de valles en forma de U excavados por glaciares.

Los valles glaciares tienen una forma distintiva en U.

Las rocas resistentes sobresalen sobre el terreno más blando, desgastado por las fuerzas naturales.

Los taludes pueden contener estratos, pliegues y fallas. También puedes encontrar fósiles.

Las canteras permiten acceder a rocas que han estado ocultas durante siglos.

EN UN RECODO DEL RÍO

Cuando un río hace una curva, deja guijarros y piedras escampadas por la orilla. Por eso, los recodos son lugares excepcionales para encontrar rocas y minerales.

Los glaciares esculpen literalmente el paisaje. Pueden dejar cúmulos de materiales denominados morrenas y eskers, o crear formaciones nuevas, como los drumlins y los valles colgados.

Valle colgado

Esker

Drumlin

Morrena

Una falla es una fractura que se forma cuando la corteza es comprimida por los movimientos de placas, que provoca que la tierra se hunda o se eleve. Los signos de una falla son estratos que no encajan y estructuras denominadas talud.

Talud

Diaclasa

Falla

Cantos planos de mica

Cantos planos de pizarra

Cantos redondeados de granito

Cantos lisos de cuarcita

Una mirada a la costa

EL LITORAL ES un lugar excepcional para que pongas en práctica tus conocimientos geológicos. El agua y el viento esculpen constantemente el litoral creando formas fantásticas. Las olas excavan arcos, grutas, plataformas y farallones en los acantilados. El viento arrastra la arena, formando enormes dunas. Todo esto ocurre poco a poco.

Además, estas fuerzas naturales lavan y pulen los guijarros, piedras y conchas, dejándolos preparados para engrosar tu colección. También pueden acercarte especímenes procedentes de lugares remotos. Los ríos arrastran piedras de lugares alejados de la desembocadura. Y las olas grandes y los fuertes vientos pueden depositar en la orilla rocas y arena procedentes de otras playas.

El litoral cambia constantemente. Los ríos transportan grandes masas de sedimentos que se pueden acumular, alterando el curso de la corriente y esto puede representar un peligro para las embarcaciones. La erosión puede derribar acantilados frágiles, y, cuando esto ocurre, el derrumbe puede afectar a las viviendas próximas. Pero estos cambios también pueden ser fascinantes. Ponen al descubierto nuevas muestras de minerales, formaciones rocosas y fósiles de épocas remotas, y es la manifestación de las fuerzas más poderosas de la Tierra.

¿UNA BALLENA O UNA ROCA? En Australia Occidental, un chorro de agua sale de una roca como si se tratara de una ballena. Las olas horadaron una roca al pie de un acantilado. Ahora, cuando una ola grande choca contra el acantilado, su peso hace que el agua salga a presión por el agujero.

La erosión desmorona los acantilados, y forma pilas de rocas.

Los acantilados pueden contener estratos de rocas y fósiles interesantes.

Los farallones son restos de antiguos promontorios.

Cuando el mar horada un promontorio, el agua puede salir a presión por los orificios.

Las olas erosionan los acantilados, creando grutas y arcos.

HORADADO POR LAS OLAS
En los lugares donde las olas rompen con fuerza se forman grandes montículos de rocas y farallones. El proceso puede durar miles de años.

La erosión crea formaciones denominadas promontorios. Las olas rompen contra los promontorios, esculpiendo grutas en las partes más blandas.

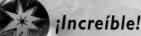 ¡Increíble!

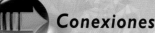 Conexiones

• **Costa** es una palabra que proviene del término latino homónimo *costa*, que significa «lado».
• **Orilla** proviene de la palabra latina *orella*, que significa «borde» o «límite».
• **Albufera** proviene del término árabe *buhaira*, que significa «laguna» o «mar pequeño».

Cada día unas 10.000 olas baten contra el cabo Cod (Massachusetts, EE UU), y el acantilado retrocede aproximadamente 1 metro cada año. En 1996 el faro del cabo, construido en 1857, se tuvo que desplazar unos 137 metros tierra adentro para que no se desmoronara sobre el mar.

• La erosión puede transformar el paisaje. Lee cómo en las páginas 14-15.
• Los guijarros y conchas del fondo del mar pueden convertirse en rocas sedimentarias. Ve a las páginas 20-21.
• En las playas se pueden encontrar infinidad de muestras de rocas. Identifícalas en las páginas 54-55.

EN LA PLAYA

En la orilla encontrarás rocas de todas las formas, colores y tamaños. Cuando las olas baten contra la costa, hacen que las rocas y guijarros choquen entre sí, fragmentándolos y puliéndolos. El agua va desgastando las rocas durante cientos de años, convirtiéndolas en arena. Si observas de cerca la arena con una lupa, verás granos de minerales.

 EN DETALLE

El Puente de Londres derrumbado

El 17 de enero de 1990, Kelli Harrison, de 18 años, y su primo David Darrington visitaron el llamado Puente de Londres, un doble arco espectacular sobre el mar en la costa sudeste de Australia. Nada más cruzar el puente oyeron un «tremendo ruido». Al mirar hacia atrás, vieron que el terreno que acababan de pisar se había desmoronado. «Si lo hubiéramos cruzado 30 segundos después, no lo habríamos contado», dijo Kelli. Durante miles de años, las olas habían erosionado los acantilados de caliza y arenisca. Los arcos habían perdurado siglos, pero, finalmente, ese día, uno cedió. Dando gracias por estar vivos, Kelli y David esperaron pacientemente sobre el farallón recién formado hasta que los rescató un helicóptero de la policía.

Las playas son lugares idóneos para encontrar una gran variedad de guijarros pulidos.

Las dunas se forman cuando el viento arrastra la arena fina y suelta y la amontona en montículos.

En la desembocadura de un río puedes encontrar rocas procedentes del interior transportadas por el río.

Los sedimentos depositados por los ríos y las olas pueden acabar rodeando pequeñas porciones de mar, creando albuferas.

A veces las olas esculpen terrazas rocosas al pie de los acantilados.

La arena depositada por las corrientes puede formar playas alargadas denominadas lenguas de arena.

INSPECCIONAR EL LITORAL

Cuando pasees por la orilla, busca las formaciones geológicas que aparecen aquí. En cada uno de estos lugares encontrarás distintas rocas y minerales. Mantente siempre ojo avizor para detectar olas grandes o posibles cambios en la marea o las corrientes que podrían empujarte contra las rocas.

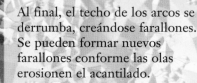

Los constantes embates de las olas van horadando el promontorio cada vez más. Las grutas se agrandan, creándose formaciones llamadas arcos.

Al final, el techo de los arcos se derrumba, creándose farallones. Se pueden formar nuevos farallones conforme las olas erosionen el acantilado.

Fósil de la planta
Rhacopteris

Heliobatus
fósil de una raya

Fósil de la planta
Eucalyptus

Buscar fósiles

LAS ROCAS A MENUDO CONTIENEN restos de antiguas formas de vida llamados fósiles. Puede tratarse de huesos, huellas, impresiones u otros indicios de vida animal o vegetal. Los fósiles se forman cuando un ser vivo muere o se desplaza sobre un pantano, un lago, un río o los sedimentos marinos. Al convertirse en rocas, los sedimentos retienen sus impresiones. A veces, los minerales sustituyen partes de la planta o el animal muerto transformándolo en roca.

Siglos atrás, la gente pensaba que eran restos de animales subterráneos; otros creían que crecían dentro de las rocas. Hoy en día los científicos buscan fósiles para aprender sobre formas de vida y ambientes del pasado. La presencia de ciertos fósiles nos puede indicar cómo era el clima hace millones de años. Los científicos también utilizan los fósiles para fechar estratos. Sabemos que ciertas plantas y animales vivieron en momentos específicos, así que su presencia o ausencia puede ayudarnos a determinar la antigüedad del estrato en que fueron encontrados.

También puedes convertirte en buscador de fósiles. Busca en los estratos de rocas sedimentarias, como la arenisca. La caliza suele contener fósiles de organismos marinos. Cuando tengas unos cuantos fósiles, clasifícalos por categorías, como vertebrados, invertebrados, y plantas. Puedes exponer tus mejores especímenes junto con tus rocas y minerales.

ÁRBOLES PETRIFICADOS
Estos árboles petrificados son restos de árboles antiguos. Se convirtieron en piedra cuando el agua rica en sílice sustituyó el tejido orgánico por minerales. Este proceso se denomina petrificación.

UNA GEMA FÓSIL
Esta concha multicolor es un fósil. Se formó cuando el agua rica en sílice llenó una cavidad rocosa donde había una concha y fue sustituyendo sus tejidos. Luego la solución de sílice se endureció, y se formó un ópalo, un tipo de gema.

La niña que vendía fósiles

A principios del siglo XIX, los científicos acababan de descubrir que los fósiles eran importantes registros de la historia natural. Museos y universidades empezaron a hacer acopio de todo tipo de restos fosilizados. En Dorset (Inglaterra), una niña llamada Mary Anning ayudaba a su padre a recoger y vender conchas fosilizadas del litoral local. Un día de 1811, cuando Mary tenía 12 años, divisó un extraño objeto blanquecino sobresaliendo entre varias rocas. Después de apartar las rocas con ayuda del

martillo con sumo cuidado, Mary constató que se trataba de un esqueleto. Resultó ser el primer fósil completo de ictiosaurio, una criatura parecida a un delfín que vivió hace entre 245 y 65 millones de años. Mary encontró muchos otros fósiles importantes, algunos de los cuales están expuestos en el Museo Británico.

CONSERVADO EN ÁMBAR
Hace millones de años, este insecto quedó atrapado dentro de un pegote de resina. Lentamente, la resina se transformó en una sustancia llamada ámbar, que ha conservado esta antigua forma de vida.

Mamut congelado

Esqueleto de Stegosaurus

• **Fósil** proviene de la palabra latina *fodere*, que significa «excavar».
• Los científicos que estudian los fósiles se llaman **paleontólogos.** Esta palabra proviene de los términos griegos *palaios*, que significa «antiguo», *onta*, que significa «ente», y *logos,* que significa «estudio».
• **Trilobites** procede de los términos griegos *tri,* que significa «tres», y *lobos,* que significa «lóbulo».

• El esqueleto completo más grande de dinosaurio se encontró en el yacimiento de Wyoming (EE UU) en 1899. *Diplodocus carnegii* mide 26,6 m de largo, más que una pista de tenis.
• Los científicos creen que el 99 % de las formas de vida que han existido sobre la faz de la Tierra murieron sin dejar registros fósiles. ¡La fosilización es un acontecimiento excepcional!

• Es más fácil encontrar fósiles en las rocas sedimentarias. Lee más sobre estas rocas en las páginas 20-21.
• Identificando y fechando los fósiles, los geólogos pueden reconstruir la historia del paisaje. Consulta las páginas 46-47.
• Los acantilados a menudo contienen fósiles marinos. Ve a las páginas 56-57.

DEL HUESO A LA PIEDRA

La formación del fósil de un animal empieza cuando éste muere. Las partes blandas del cuerpo se descomponen, quedando sólo las partes duras.

Las capas de sedimentos van cubriendo los restos. A veces, el agua rica en minerales se filtra en las partes duras y las sustituye por minerales.

FÓSILES DE DINOSAURIOS

Los huesos de este dinosaurio se transformaron en piedra hace millones de años. Cuando el dinosaurio murió, su cuerpo fue sepultado por los sedimentos. Agua rica en minerales se filtró dentro de los huesos, llenando sus poros. Ahora los científicos cincelan con sumo cuidado las rocas circundantes para extraer los fósiles.

Los sedimentos se van compactando, y cuando los sedimentos se convierten en roca, ésta retiene la impresión de las partes del cuerpo del animal.

UN ARTRÓPODO ABUNDANTE
Los trilobites se encuentran entre los fósiles más abundantes. Estas criaturas florecieron hace entre 550 y 250 millones de años.

Los movimientos de placas acercan el fósil a la superficie. La erosión desgasta las rocas y descubre partes del fósil.

Glosario

afloramiento Parte de una formación rocosa que sobresale de la superficie de la Tierra.

anticlinal Un pliegue de estratos sedimentarios que se dobla hacia arriba.

arcilla Sedimento de grano fino formado por la descomposición química de algunas rocas. Es moldeable cuando está mojada y se endurece cuando se seca.

astenosfera Capa del interior de la Tierra. Forma parte del manto superior y está compuesta por rocas parcialmente fundidas.

átomo Unidad más pequeña que puede llamarse elemento químico.

bacteria Forma de vida microscópica y unicelular que se encuentra en el aire, el agua, las plantas, los animales y la corteza terrestre.

butte Colina de cima plana y laderas empinadas que a veces se encuentra en zonas desérticas. Algunas se forman a consecuencia de la erosión de grandes mesas o mesetas.

cañón Valle profundo y estrecho formado por la erosión fluvial.

carbón Roca sedimentaria formada como resultado de la compresión de restos de plantas y estratos sedimentarios. Se utiliza como combustible.

combustible fósil Combustible que se formó a consecuencia de la compresión de restos de plantas u otros organismos bajo estratos de capas sedimentarias.

compuesto Sustancia química constituida por más de un elemento.

concreción Masa dura de materia mineral que suele contener un fósil en su interior.

continente Una de las siete grandes masas de la Tierra: África, Antártida, Asia, Australia, Europa, América del Norte y América del Sur.

Estas masas incluyen tanto los extremos que están bajo el agua como la tierra seca.

corrientes de convección (manto) Movimientos que tienen lugar en el interior del manto como consecuencia de la transferencia del calor procedente del núcleo de la Tierra. Las rocas calientes ascienden y las más frías se hunden. Estos movimientos son probablemente los responsables de los desplazamientos de las placas tectónicas de la corteza terrestre.

corteza Capa externa de la Tierra. Hay dos tipos de corteza: la corteza continental, que forma las grandes masas terrestres, y la corteza oceánica, que es más fina y forma los fondos marinos.

cristal Grano de un mineral. Algunos cristales tienen formas regulares con lados lisos.

dorsal centrooceánica Cadena montañosa submarina formada por el magma que emerge por el hueco existente entre dos placas tectónicas que se están separando.

elemento Sustancia química que contiene un solo tipo de átomos.

elemento nativo Un elemento que se da separadamente, en vez de en combinación con otros elementos. El azufre y el oro son dos posibles ejemplos.

elevación tectónica Movimiento de ascensión de las rocas provocado por los desplazamientos de las placas tectónicas.

era División estándar de tiempo en la historia de la Tierra. Los geólogos dividen las eras en periodos.

erosión Desgaste gradual de una roca por efecto del agua, el hielo o el viento.

evaporación Proceso mediante el cual un líquido se transforma en gas, sin que se produzca ebullición.

falla Formación geológica resultante de la rotura y desplazamiento de estratos de rocas de la corteza terrestre.

fosa de hundimiento o rift Valle ancho formado como consecuencia del hundimiento de la corteza terrestre.

fosa oceánica Valle submarino estrecho y profundo formado cuando la corteza oceánica de una placa tectónica choca con la corteza de otra.

fósil Cualquier indicio de formas de vida antiguas. Puede tratarse de los restos de una planta o de un animal que se ha petrificado o que ha dejado su impresión en la roca.

gema Mineral u otro material natural que se puede pulir y tallar para fabricar joyas.

geoda Roca de formas redondeadas e interior ahuecado, recubierta por capas de calcedonia y cristales grandes.

geología El estudio de la Tierra. Las rocas, los minerales y los fósiles nos dan pistas para reconstruir la historia de la Tierra.

glaciar Una gran masa de hielo formada por la acumulación de nieve en una montaña o un continente. El hielo se desplaza lentamente, excavando la roca y arrastrando detritos.

hábito Forma exterior de un solo cristal o de un grupo de cristales del mismo mineral.

hoodoo Columna de roca estrecha y alta formada por la erosión.

intrusión Una gran masa de roca que se forma bajo tierra cuando se inyecta magma en el interior de otras rocas y después se enfría y se solidifica.

kimberlita Tipo de roca que se forma a partir del magma del manto. Suele asociarse a los diamantes y a otros minerales procedentes de las profundidades de la Tierra.

lava Magma expelido sobre la superficie de la Tierra.

litosfera Capa exterior y rígida de la Tierra, compuesta por la corteza y el manto superior.

magma Rocas calientes en estado líquido, o bien una combinación de rocas fluidas y cristales, encontrados bajo la superficie de la Tierra. Cuando el magma se expulsa sobre la superficie se llama lava.

manto La capa de la Tierra comprendida entre la corteza y el núcleo externo. Incluye el manto superior y el manto inferior.

masivo Uno de los posibles hábitos de un mineral consistente en que muchos de sus cristales están entrelazados formando una masa sólida, en vez de cristales claramente diferenciados de formas geométricas.

mesa Colina ancha de cima plana y laderas empinadas. La erosión puede transformar las mesas pequeñas en buttes.

metal Cualquier elemento que brilla, es maleable y conduce la electricidad.

metamorfismo de contacto Transformación de un tipo de roca en otro, mayoritariamente como consecuencia del calentamiento.

metamorfismo regional Transformación a gran escala de una roca en otro tipo de roca como consecuencia del calentamiento y la compresión provocados por los choques entre placas y la formación de montañas.

meteorización La desintegración de las rocas como resultado de procesos de congelación y deshielo, la acción de las sustancias químicas contenidas en el agua de lluvia y el crecimiento de las raíces de las plantas.

meteoro Haz de luz en el cielo nocturno provocado por la entrada de una masa rocosa, procedente del espacio exterior, en la atmósfera de la Tierra. Antes de que la roca entre en la atmósfera se llama meteoroide. Si aterriza sobre la superficie se llama meteorito.

mineral Sólido de origen natural con una estructura ordenada de átomos encontrado en la corteza terrestre y que no es ni una planta ni un animal.

mineral fluorescente Mineral que brilla cuando es expuesto a la luz ultravioleta.

mineral fosforescente Mineral que sigue brillando durante un corto periodo de tiempo después de exponerlo a la luz ultravioleta.

molécula Conjunto de átomos que se forma cuando se unen uno o varios tipos de átomos.

movimiento de placas Desplazamiento de las placas tectónicas de la Tierra, provocado por las corrientes de convección del manto.

núcleo El centro de la Tierra. Está formado por un núcleo interno sólido y un núcleo externo de rocas fundidas, ambos compuestos por una aleación de hierro y níquel.

ondas sísmicas Ondas sonoras que viajan a través de la Tierra después de un terremoto.

petrificación Sustitución célula a célula de la materia orgánica, como los huesos o la madera, por minerales de las soluciones circundantes.

piedra ornamental Gema que no es una piedra preciosa pero que se puede utilizar en joyería u otras finalidades ornamentales.

pitón volcánico Cúmulo de rocas magmáticas duras que prevalece después de la desaparición del resto del volcán debido a la erosión.

placas tectónicas Fragmentos rígidos de la litosfera que se desplazan sobre la astenosfera.

placer Depósito de fragmentos de minerales pesados encontrados en los sedimentos de ríos o playas después de haber sido arrancados de las rocas y arrastrados por el agua.

pliegue Deformación de los estratos de rocas debida a la compresión provocada por los movimientos de las placas tectónicas.

prueba de la raya Una prueba que implica frotar un mineral contra una placa blanca de porcelana no vidriada para obtener polvo. El color del polvo que deja el mineral en la baldosa puede ayudar a identificarlo.

punto caliente Lugar donde se forman volcanes que expulsan magma procedente de las profundidades del manto. Suelen formarse en medio de las placas tectónicas.

roca impermeable Roca a través de la cual no se pueden filtrar líquidos.

roca magmática Roca que se forma cuando el magma se enfría y se solidifica. Las rocas magmáticas intrusivas solidifican bajo tierra, mientras que las extrusivas lo hacen sobre la superficie.

roca metamórfica Roca que se forma al transformarse una roca preexistente a consecuencia del calor o la presión.

roca sedimentaria Roca formada cerca de la superficie de la Tierra con fragmentos de otras rocas o restos de plantas y animales.

sedimentos Fragmentos de rocas o restos de plantas o animales depositados en el fondo de ríos, lagos u océanos por el agua, el viento o el hielo.

sinclinal Pliegue en los estratos de rocas sedimentarias que se dobla hacia abajo.

solución Mezcla de dos o más sustancias químicas. Puede ser líquida, sólida o gaseosa.

terremoto Vibración repentina y violenta de la corteza terrestre que generalmente se produce en los extremos de las placas tectónicas.

volcán Abertura de la corteza terrestre a través de la cual se expulsa lava.

Índice

A
acero, 30–31, 42
afloramientos, 56
ágata, 36, 38
aguamarina, 39
aleación, 9
aluminio, 28, 30–31
amatista, 39
amazonita, 36
ámbar, 60
andesita, 18
antimonio, 31
apatito, 55
arcos marinos, 59
Aristóteles, 46
asbestos, 28
auricalcita, 31
azufre, 29–30, 55
azurita, 29, 311

B
basalto, 18, 19
bauxita, 30–31
biotita, 55
bornita, 30
bute, 15

C
calcio, 28
calcita, 54–55
caliza, 21–23, 42, 47
Calzada del Gigante,
    Irlanda, 19
cañones, 20–21, 46–47
caolín, 8
carbón, 48–49
cemento, 43
cerusita, 30
chert, 20
cobre, 28, 30–31
compuestos, 28
conglomerado, 20, 54
coral, 36
corindón, 35, 55
corneana, 23
corrientes de convección, 12
crisoberilo, 38
cristales, 18, 26, 28–29,
    36, 38
crocoíta, 29
cuarcita, 22–23, 58
cuarzo, 8, 38, 44, 50–51,
    54–55

D
deltas, 17
diaclasas, 56
diamante Punch, 35
diamante Tiffany, 34
diamantes, 34–35, 39, 45,
    50, 55
dinosaurios, 61
dolomía, 21
drumlins, 57

E
energía nuclear, 48
entrelazamiento, 38
eras, 16–17
erosión, 14–15, 58–59
escala de Mohs, 55
eskers, 57
esmeraldas, 34, 39
especímenes, 52–53
esquisto, 22–23, 47
estibina, 31
estroncianita, 39

F
fallas, 57
feldespato, 39, 54–55
fluorita, 28, 38, 55
foraminífera, 21
fósiles, 60–61
fulgurita, 25

G
gabro, 18
galena, 30
gas, 48–49
gemas, 34–37, 44–45
gemas de ojo de gato, 38
gemas orgánicas, 36
geodas, 24–25
geología, 47
geólogos, 40, 46
glaciares, 14–15, 57
gneis, 22–23, 55
grafito, 30, 50
Gran Cañón, Estados
    Unidos, 47
granates, 28, 39
granito, 18–19, 22, 42,
    47, 54
gravedad, 11
grutas, 14, 15
grutas de Mammoth, 14

H
hábitos, de los minerales, 28
halita, 30
Hall, James, 23
hematites, 31, 36, 54
Herculano, 18
hierro, 28
hoodoos, 15
Hutton, James, 17

J
jade, 36, 39, 44
jaspe, 36

K
kevlar, 50
kimberlita, 35

L
labradorita, 28
ladrillos, 42–43
lapislázuli, 36–37, 44, 54
lava, 13, 17–19
lignito, 48
Luna, 10, 46

M
magma, 12–13, 18, 23
magnesio, 28
magnetita, 38
malaquita, 29, 37, 54
mármol, 22–23
mercurio, 30–31
mesas, 15
metal, 9
metales nativos, 30
metales preciosos, 32–33
metamorfismo, 23
metamorfismo regional, 22
meteoritos, 24–25
meteorización, 14–15
mica, 54, 58
micrometeorito de la
    nebulosa Dumbbell 24
minerales, 26–31
minerales fluorescentes, 38
minería, 48–49
montaña Partida,
    Estados Unidos, 22
museos, 53

N
nefrita, 36

O
obsidiana, 18, 36
ojo de tigre, 36
ondas, 10
ondas sísmicas, 10–11
ópalos, 39
origen de las rocas, 46–47
oro, 30, 32–33, 44–45
ortosa, 55
oxígeno, 28

P
paleontólogos, 61
Pangea, 12–13
peridotos, 39
perlas, 36–37, 39
petrificación, 60
petróleo, 48–49
piedra arenisca, 20, 23, 47
piedra pómez, 24
piedras de la Luna, 39
piedras natalicias 39
piezoelectricidad, 50–51
pilas marinas, 58
pináculos, 14–15
pirámides, 42–43
pirita, 24, 33, 55
piroxeno, 38
pizarra, 8, 22–23, 42, 58
placas tectónicas, 12–13
placeres, depósitos 34–35
planetas, 10–11
plata, 30, 32
platino, 30, 32–33
pliegue, 56
plomo, 30
Pompeya, 18
prismas, 38
pseudofósiles, 24–25
pulir gemas, 37
puntos calientes
    volcánicos, 13

Q
quilates, 45

R
roca magmática, 6, 18–19,
    54
rocas metamórficas, 6,
    22–23, 55
rocas sedimentarias, 6,
    20–21, 54, 56

rocas, 6–24
rodocrosita, 29
rodonita, 36
rubíes, 34–35, 39
rutilo, 50

S
sal, 20, 30
sanguinaria, 36, 39
scheelita, 8
Schmitt, Harrison, 46
sílice, 50–51
sismólogos, 11
sodio, 28

T
talco, 55
talla de gemas, 45
talud, 57
tapones volcánicos, 19
terremotos, 12–13
tiempo geológico, 16
Tierra, 10–13
titanio, 50–51
tiza, 8
toba, 42
topacio, 29, 39, 55
topografía, 57
trasbordador espacial,
    50–51
triboluminiscencia, 38
trilobites, 61
tungsteno, 8
turba, 48
turmalina, 35
turquesa, 37, 39

U
ultramarina, 36
uranio, 49

V
Vesubio, Italia, 18
volcanes, 12–13, 16, 18–19

W
wilemita, 39

Y
yeso, 24, 30, 55

Z
zafiros, 34-35, 39

Los editores quieren agradecer su colaboración en la preparación de este libro a Barbara Bakowski, Brian Chase, James Clark, William Henika, Steve Ottinoski, Ross Pogson, Virginia Polytechnic, Dina Rubin, Cynthia Shroba y Ph.D., Jennier Themel.
Nuestro agradecimiento especial a los siguientes niños, que aparecen en las fotografías: Michelle Burk, Simon Burk, Elliot Burton, Lisa Chan, Amanda Hanani y Andrew Tout.
CRÉDITOS DE LAS FOTOGRAFÍAS (A=arriba, a=abajo, i=izquierda, d=derecha, c=centro, s=solapa, D=delantera, C=cubierta, T=trasera). (APL=Australian Picture Library, BPK=Bildarchiv Preussischer Kulturbesitz, DWSPL=D.W. Stock Photo Library, FLPA=Frank Lane Picture Agency, NGS=National Geographic Society, NMNH=National Museum of Natural History, Washington, NHM=Natural History Museum, NSP=Natural Science Photos, TPL=The Photo Library, Sydney, SPL=Science Photo Library.)
Ad-Libitum 4Ad, 7d, 8Ai, 8Ad, 8i, 8ai, 8ad, 9ai, 9ad, 16c, 19c, 20ai, 20ad, 21Ai, 22Ad, 22ai, 26ad, 27ci, 27cd, 28Ad, 32/33c, 32ai, 36Ai, 36Ad, 36ac, 37cA, 37ca, 39A, 41Ai, 42Ai, 47Ad, 52ai, 54Ad, 63ad, 35c, 50ai, 50ad, 54c, 54ad, 55Ai, 56ai (M. Kaniewski). **The Age** 59d (S. O'Dwyer). **American Museum of Natural History** 37ad, 53ad. **APL** 23Ai (D&J Heaton), 15a (H.T. Kaiser), 13Ai (J. Penisten), 15c (S. Vidler). **Association Curie et Joliet-Curie** 50i. **K. Atkinson** 14A. **Auscape** 58d (J. Ferrero), 20d (F. Gohier), 18Ad (M & K Krafft), 18/19a (T. Till). **Australian Museum** 53Ad, 55d (Nature Focus). **BPK** 45c (Margarete Busing). **The Bridgeman Art Library** 37Ad, 44Ad. **R. Coenraads** 33ad, 35Ai, 35Ad, 56Ad. **Corel Professional Photos** 39ad. **DWSPL** 59i (M. Fenech). **The Field Museum, Chicago,** IL 25ad. **FLPA** 23cd (M. Nimmo). **Gannett Suburban Newspapers** 25ad (S. Bayer). **Icelandic Photo** 16Ad (Mats Wibe Lund/Sigurg. Jonasson). **Jeff. L. Rottman Photography** 32Ai. **Jim Stimson Photography** 22/23c. **The Kobal Collection** 11cA. **Mary Evans Picture Library** 17Ad, 32i, 49d. **The National Gallery Picture Library, London** 36i. **NASA** 46Ad, 46ai. **NGS** 50A (J. L. Amos). **NHM** 25c, 34ad, 35ad, 60ai. **NMNH** 14ai, 28/29c, 38ai (C. Clark), 36/37c. **North Wind Pictures** 21Ad, 57ad. **NSP** 30Ad (O. C. Roura). **TPL** 21d (O. Benn), 60Ad (S. Fraser), 46ad (G.B. Lewis), 47ad (Dr. K Macdonald), 39a (NASA), 52Ad (P. Hayson), 49c (A. Husmo), 42c (P. Robinson), 10A, 12Ad (SPL), 48ai (SPL/C. Caffrey), 11ca (SPL/

Geoscape). **Photo Researchers Inc.** 28i (T. McHugh), 20/2ic (C. Ott), 29ad (G. Retherford). **Planet Earth Pictures** 24Ad (E. Darack). **G.R "Dick" Roberts** 30i. **Scottish National Portrait Gallery** 23Ad. **J. Scovil** 24i, 24ad, 29c, 30cd, 30ad, 31i, 31d, 32A, 33A, 34i, 38c, 38cd, 39Ai, 39ci, 39ai, 60ad. **B. Shelton** 60cd. **Tiffany & Co.** 34Ad. **Tom Stack & Associates** 17ad. **Tom Till Photography** 19A. **Visuals Unlimited** 44c (J. Greenberg), 57ad (D. Thomas). **Werner Forum Archive** 18ai. **William Mallat Photography** 51ai.
CRÉDITOS DE LAS ILUSTRACIONES
Susanna Addario 4cd, 5Ad, 6ad, 12Ai, 14Ai, 32Ac, 39d, 40Acd, 42Ad, 44Ai, 44Ac, 63Ad. **Andrew Beckett/ illustration** 8/9c, 6Ad. **Anne Bowman** 41ai, 41ad, 60Ai, 60Ac, 60Ad, 61Ai. **Chris Forsey** 4ad, 6Acd, 6acd, 10/11c, 10A, 10/11a, 11d, 12/13c, 14/15c, 14ai, 15d, 16/17c, 16/17a, 40cd, 40acd, 41cd, 46/47c, 46Ai, 46Ac, 46a, 47ai, 48/49c, 48Ai, 48Ac, 48Ad, 48ai, 48ad, 49ai, 49ad, 58/59c, 58Ai, 58Ac, 58Ad, 58eAd, 58ad, 59ai, 59ad, 62Ai, 62ac, 62ad. **Ray Grinaway** 7Ai, 7ci, 7cd, 7ad, 10ai, 18Ai, 18ai, 18ad, 19Ai, 20Ai, 20Ac, 20Ad, 22Ai, 22Ac, 24Ai, 24Ac, 24Ad, 25Ai, 26Ai, 26Ad, 26Acd, 26cd, 26acd, 27Ai, 27ai, 28Ai, 28Ac, 28Ad, 28a, 29Ad, 29a, 30Ai, 30Ac, 30Ad, 30ai, 30ad, 31ci, 31ai, 31ci, 31ad, 32Ad, 33d, 34Ai, 34Ac, 36ai, 36ad, 37ai, 37ad, 37c, 38Ai, 38Ac, 38ai, 39Ad, 39cd, 39d, 39ad, 41Ad, 45Ac, 45d, 54Ai, 54Ac, 54Ad, 55d, 55a, 60ad, 61c, 62Ac, 62Ad, 63Ad, 63ac. **Frank Knight** 60ai. **David McAllister** 42ai, 42ad, 43c, 43ai, 43ad. **Stuart McVicar** (digital manipulation) 13Ad. **Oliver Rennert** 12Ad. **Claudia Saracini** 16Ac. **Michael Saunders** 14Ac, 14Ad, 14a, 16Ad, 19Ad, 19cd, 19ad, 20ad, 21ai, 21ad, 22/23a, 24ad, 25ai, 25ad, 27Ad, 34Ad, 34a, 35ai, 35Ad, 39d, 40Ad, 41ci, 42Ai, 42Ac, 42d, 44Ad, 56/57c, 56Ai, 56Ac, 56Ad, 56a, 57ai, 57ad, 61d, 62ai, 63Ac, 63Ad. **Kevin Stead** 27ad, 38Ad. **Sharif Tarabay/illustration** 52/53c, 52/53a, 52Ai, 52Ac, 52Acd. **S. Trevaskis** 44ai. **Thomas Trojer** 39c, 40ad, 50/51c, 50Ai, 50Ac, 50Ad, 51d. **Rod Westblade** 12Ac. **Ann Winterbotham** 16Ai.
CRÉDITOS DE LA CUBIERTA
Susanna Addario CTeAd, CTAd, CTeAi, Bildarchiv Preussischer Kulturbesitz CDad (Margarete Busing). **Anne Bowman** CDeAd, **Chris Forsey** CTa, **Ray Grinaway** CTeai, CTeac, CTeai, CTAi, CTci, CDAi, CDi, CDAd CDcd, **Photo Researchers Inc.** CDc (T. McHugh), **Michael Saunders** CTad, CDai, CDd, **Kevin Stead** CDAc, **Ann Winterbotham** CTc.

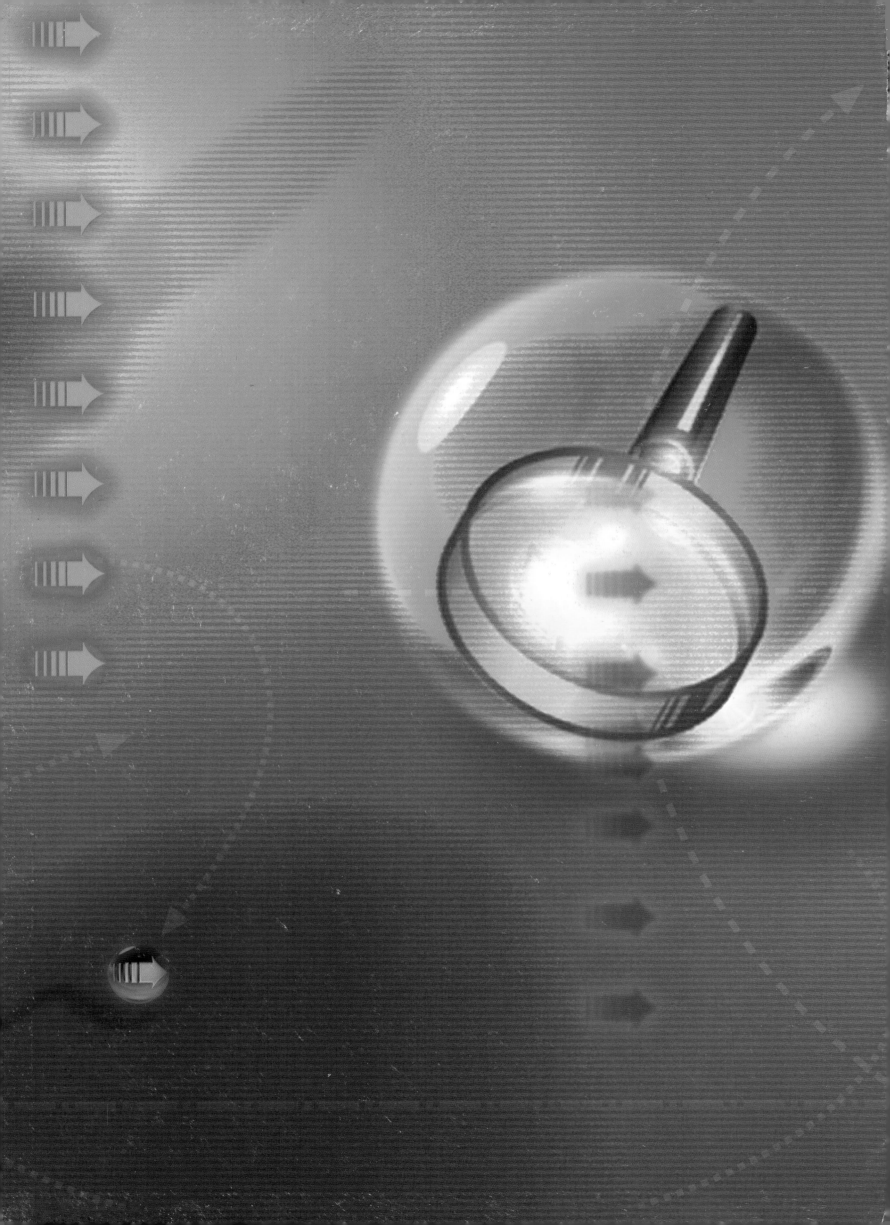